青少年领导力

培养新思维未来领导者

宋政隆 —— 著

北京日报出版社

图书在版编目（CIP）数据

青少年领导力：培养新思维未来领导者 / 宋政隆著
. -- 北京：北京日报出版社，2024.5

ISBN 978-7-5477-4794-0

Ⅰ.①青… Ⅱ.①宋… Ⅲ.①青少年—领导能力—能
力培养 Ⅳ.① C933

中国国家版本馆 CIP 数据核字 (2024) 第 027034 号

青少年领导力：培养新思维未来领导者

出版发行： 北京日报出版社
地　　址： 北京市东城区东单三条 8-16 号东方广场东配楼四层
邮　　编： 100005
电　　话： 发行部：（010）65255876
　　　　　　总编室：（010）65252135
印　　刷： 香河县宏润印刷有限公司
经　　销： 各地新华书店
版　　次： 2024 年 5 月第 1 版
　　　　　　2024 年 5 月第 1 次印刷
开　　本： 710 毫米 ×1000 毫米　1/16
印　　张： 12.5
字　　数： 180 千字
定　　价： 68.00 元

在中国传统教育中，无论是在家还是在学校，家长和老师都会教导孩子要礼让、谦逊，但这样的教导多了，孩子就会变得不再积极主动、不再敢于争先，从而缺少领导者思维。然而在竞争激烈的今天，个人领导力对自身的发展很重要。因此，平时，家长和老师要注意适当转变观念，多注重培养孩子的领导力。

哈佛商学院的一位教授曾说过，领导力主要表现在，你的存在能使他人变得更好，而且当你不在的时候，你的影响力还能一直持续。不过，要明白，领导力不是一种权力，也不是当领导才需要具备的能力，而是一种必备的社会能力。

人最核心的力量就是用内在动力去引领自己的人生，让自己自由地走向群体，走向广阔天地。而这份内在动力便是领导力。只有培养孩子独立做决定的思维和意识，让他们拥有自己选择的能力，才会具备释放领导力的基础。

教育是百年大计！无论时代如何发展、变化，青少年的教育问题永远都是国之根本。教育强，则国强。在人工智能、大数据、云计算、互联网科技发展的大趋势下，拓宽视野、提升格局，用国际视角去启发和培养孩子们的领导者思维，让他们学会从管理自我到领导他人，既是时代发展的需要，也是孩子自我发展的需要。

青少年介于儿童与青年人之间，是人生观和价值观形成的重要阶段，是他们为自己向成人角色转换做准备的时期。这个时期他们的求知欲和学习力最旺盛，敢于挑战，勇于质疑。家长要引导他们消除对传统领导力的错误认知，尝试各种机会和利用各种平台，积极实践，掌握领导技能，用卓越的行动力去影响和带动他人。

每个孩子都具备在某个领域展现领导力的潜力，当然这里所说的领导力，更多是指孩子在成长过程中应该有的自信、自律、沟通、团队合作等综合能力，这种领导力对孩子将来更好地进入社会和获得更好的发展起着重要的作用。

为人父母者，在日常生活中要用心去培养孩子的表达力、决断力、创造力等能力，让孩子拥有成为一名领导者的基础能力。但我们并不一定要求孩子一定成为一个领导者，而是希望他们具备一种人际影响力，以便他们长大成人后拥有更多的选择机会，可以生活得更有尊严和成就感。

目 录

第三章
自我认知——未来领导力培养的起点

第四章
品质优秀——未来领导者都需具备好品质

第五章
酷爱学习——学习力是未来领导者应具备的核心能力

第一章

新时代的青少年需要领导力教育

什么是领导力

什么是领导？

"领"，是"带领、率领、引领、统领"的意思。

"导"，是"指导、引导、教导、辅导"的意思。

什么是领导力？

领导力是领导者把握组织使命并激励人们围绕组织使命奋斗的一种能力。

领导力共分为五个层级，只要了解了每一层级的优势、劣势和最佳行为，就能提升到另一层级。

第一层级：职位

职位是领导力的最低层级——入门层级。依靠职位的领导者只能产生头衔所带来的影响力。人们之所以要追随职位领导者，仅仅是因为不得不这样做。

职位领导者的领导力以职位和头衔赋予的权力为基础。拥有领导职位本身并没有错，但利用职位让人们追随是完全错误的。职位无法代替影响力。

处于第一层级的人并不是真正的领导者，只能算作职位领者。他们带领的只是成员，而非团队伙伴。他们依靠规章制度、政策和组织纪律来约束成员，成员也只会在规定的职权范围内服从职位领导者，只做职位领导者要求的事情。如果职位领导者要求他人付出额外的努力或时间，一般很难得到想要的结果。

通常，职位领导者很难与志愿者、年轻人和受过高等教育的人合作，因为他们没有影响力，而上述群体往往思想更独立。不过，职位是唯一不需要能力和努力就能达到的层级，任何人都可以被任命到某个职位上，从而产生领导力。

第二层级：认同

在认同层级上，人们之所以跟随某个领导者，是因为他们想要这样做。这类领导者一般都喜欢成员，会将他们当作有价值的人来对待，会对他们产生一定的影响，这就是这一层级的领导力。培养成员对自己的信任，工作氛围一般都比较愉悦。

该层级领导者的任务不是巩固自己的地位，而是了解追随他的人，搞清楚如何与这些人相处。领导者了解成员，而成员也了解领导者，可以建立坚实、持久的人际关系。

你可以喜欢一个人但不领导他，如果你不喜欢一个人，一定无法很好地领导他。

这就是第二层级的核心思想。

第三层级：业绩

如果我们将层级的局限等同为领导者，那么我们也就只能成为一个普通的领导者。而好的领导者不仅要打造一个愉悦的工作环境，还要有能力创造业绩！在业绩层级，领导者能够获得影响力和公信力，成员也会因为领导者为组织所做的一切而追随他们。

当领导者的领导力达到第三层级时，许多积极的事情都会发生：任务完成，士气高涨，利润上升，人员流动率降低，目标实现。同样，在该层级，激励开始发挥作用。

在这个层级上，领导他人和影响他人变得更加有趣。领导者可以成为变革的推动者，可以面对并解决棘手的问题；能够做出艰难的决定，从而产生影响力；可以提高他人的工作效率。

第四层级：育人

领导者的领导力强大，不是因为其所拥有的权力，而是因为他们能够给他人赋能。这就是领导者在第四层级所做的事情。他们利用自己的地位、关系和业绩对成员进行投资，推动其发展，直到成员也成为领导者。这样做最直接的结果就是，领导者实现自我复制。

业绩可以赢得比赛，但育人才能得到冠军。在该层级上，首先，团队合作达到很高的水平。因为对成员的大规模投资，可以增进人际关系和谐，帮助成员相互了解，提高成员的忠诚度。其次，业绩得到提高。团队中有更多的领导者，会帮助彼此提高绩效。

该层级的领导力会改变他人的生活，让每个人受益，人们愿意追随拥有这一层级领导力的领导者，实现领导者和成员之间的关系持续发展。

第五层级：巅峰

最高和最难达到的领导力层级是巅峰领导力。多数人可以通过学习达到第一至第四层级，但想要达到第五层级，不仅需要努力、技能和意愿，还需要很高的天赋。只有天赋异禀的领导者才能达到这一高度。

领导力达到第五层级的领导者会把他人培养成拥有第四层级领导力的领导者。尊重他人，令人精神愉悦，且做事富有成效，可以对他人产生一定的影响，并轻松地获得追随者。

第五层级领导力往往超越了职位、组织，甚至行业的界限，拥有这一层级领导力的领导者一般都享有良好的声誉。

领导力的本质就是影响力

领导力，其实就是领导者通过认真思考，激活他人的希望和梦想，提供共同遵循的价值和战略，提出解决现实问题的办法和策略的能力。

著名管理学家哈罗得·孔茨曾言："领导力是一种影响力，领导是一种影响过程，是影响人们心甘情愿和满怀热情为实现组织目标而努力的艺术或者过程。"

领导力，就是领导者引领他人，从眼前的现实通往未来理想的系统整合力量，可以展现领导者的个人魅力，使他人拥有更好的事业成就和人生辉煌。

领导力不仅仅是指领导者拥有的权力和地位，更是指他们在组织中的影响力。

拥有强大领导力的领导者是一位鼓舞人心的带头人，他们会以谦逊、真诚、正直为信念，为他人付出时间；他们有能力使组织和他人达到一种全新的高度，不会依赖于自己拥有的权力和地位以势压人，而是依赖于自己的影响力和个人魅力。

对于领导者来说，个人影响力与团队的合力有着直接关系。只要领导者的影响力足够大，团队中的成员就容易抱成一团，形成一股强大的合力。

当然，领导者的影响力不是天生的，而是通过实践来培养的。一般来说，领导者可以在以下几点努力培养自己的影响力：

1. 高贵的人格

人格是指人的性格、气质、能力等特征的总和，也是一个人道德品质的体现，孟子在《孟子·滕文公下》中说："富贵不能淫，贫贱不能移，威武不能屈，此之谓大丈夫。"这就是君子的人格魅力。作为领导者，就应该为人正直、行事光明磊落、有责任、有担当，养成高贵的人格。

2. 独特的风格

独特的风格，指的就是一个人的个性和特点，如果领导者没有自己的风格，就很难出类拔萃。这种独特的风格，不是处处张扬、标榜自我，而是一种适合于己、业已成熟、便于识别、行之有效的行为方式。

3. 大胸怀、大气魄

个人影响力不是取决于他的身高，而是取决于他的胸怀有多宽广。就像林则徐写的一副自我激励的对联："海纳百川，有容乃大；壁立千仞，无欲则刚。"试想，如果领导者小肚鸡肠、斤斤计较，怎么称得上有魅力？怎么可能赢得他人的追随？

4. 睿智的头脑

领导者是决策者，必须有睿智的头脑，想问题、作决策时应有理有据、有条有理，尤其是在遇到棘手的问题时，要冷静思考，然后理智地处理问题。不能毫无头绪，束手无策。

5. 渊博的学识、学习的心态

一个有影响力的领导，通常都是一个爱学习，不断成长的人；同时，他们还拥有丰富的管理经验，会虚心请教、耐心倾听、乐于与他人交流。如此，不但可以提高学识，还能更显亲和力。

青少年时期，是培养领导力的最佳时期

国家民族之兴盛在于青少年一代。1900 年，时年 27 岁的梁启超写下了"少年强则国强，少年独立则国独立，少年自由则国自由，少年进步则国进步"的《少年中国说》。

领导力的培养，最佳时期是青少年时期。虽然，相对于百年前的中国，今天中国的发展已不能同日而语，但是肩负中华民族复兴伟业的青少年面临着怎样培养自己的领导力的实现问题。

青少年时期是领导力培养的最佳时期，而领导力并不是天生的，完全可以后天培养。

领导力也不像在某一专业领域取得成功那样依赖于天赋，需要经过多年的研究、积累。领导力可以通过后天训练来提高，属于投入小、回报大的培养方向。

青少年的大脑细胞最活跃，也是情感发展的关键时期，在该时期家长要加强对孩子教育的关注，引导孩子有意识地去培养领导力。具体方法如下：

1. 父母中至少有一人能做孩子的榜样

如果父母在家庭或事业上能够领导团队成功完成一个个目标，孩子就能在潜移默化中学习到如何带领他人。作为一个有领导力的家庭成员，父母中至少应该有一个人在孩子领导力培养的过程中发挥重要作用，做孩子的榜样。比如，给家庭设定一个目标，然后制订相关计划，并鼓励大家一起参与。如果计划 A 无法顺利进行，就提供替代方案，让家人都能接受领导。孩子通过模仿父母的行为，就能明白作为领导者应该怎样引导和激励他人，这样的父母对孩子的影响是深远的。

2. 鼓励孩子多参与团队活动

领导力的培养，可以在团队活动中进行。可以鼓励孩子参加学校组织的小组活动，让他们根据自己的兴趣选择合适的活动。比如，体育运动、书画、音乐、烹饪等。

这些小组活动，可以让孩子看到领导者是如何带领团队的，也能培养孩子的同理心。当他们有机会担任领导者时，会更加了解如何带领团队，如何利用团队的智慧来解决问题。

3. 让孩子学习沟通的技巧

作为领导者，沟通是必不可少的一项技能。为了提高孩子的沟通能力，在日常生活中，父母可以与孩子讨论问题，引导他们理解：并不是每次沟通都能够得到自己想要的结果，有时需要妥协，有时需要坚持。一方面，可以教孩子学会接受别人的建议；另一方面，也要教孩子如何说服别人。因此，当孩子想要做一件事的时候，即使父母本来同意，也要问问孩子为什么要选择这个方案，给孩子提供阐述观点的机会，提高孩子练习语言表达和说服他人的能力。

4. 通过游戏让孩子体验成功和失败的滋味

孩子在与同学玩游戏的过程中，认真参与，并与他们竞争，就有机会尝试成功和失败的滋味，并明白"不管输赢都应该坦然接受"的道理。

5. 为孩子找到除父母外的榜样人物

除了父母，还可以找到其他人成为孩子成长的榜样。比如，拥有领导力的亲戚朋友、社区管理者或其他团队领导，给孩子提供宝贵的指导意见。这些人的身上不仅有值得孩子学习的东西，他们还会成为孩子最好的智囊和沟通对象，帮助孩子解决问题，扩展孩子的知识面，并在孩子遇到困难时给予支持和鼓励。

总之，每个孩子都有自己的特质和风格，家长的任务就是帮助孩子找到适合自己成长的方式。家长可以从日常生活中的点滴入手，帮助孩子培养他们的领导力。

全球化和人工智能时代的青少年迫切需要领导力

从根本上说，领导力是一种技能，如同演唱技巧一样，人人都能够唱歌，但只有经过严格而长期的训练，才能成为优秀的歌唱家。

领导力不等同于职务，而是一种能力，是承担责任、尊重他人、创造卓越能力。青少年领导力开发的关键是营造情境，让青少年去承担责任、团结他人、创造卓越。从这个意义上来说，领导力就是能让自己和这个世界变得更好的影响力，它与性格无关，更与个人特征无关，即使是一个内向、羞怯、不善于表达的人，也可以具备领导力——在生活和工作中，为自己和他人带来正面影响的能力。

随着科技全球化的不断发展，在这个交流和沟通越来越频繁的社会，青少年更需要自信、主动地去吸引大家共同行动，去号召他人，去影响他人。

领导力是一种素养，可以经过后天培养，而且开发得越早越好。但在我国，人们第一次上领导力课程的平均年龄为 40 岁，很多人上完课之后非常懊悔，为什么没有早一点儿学习领导力，以至于自己走了很多弯路，白白浪费了很多时间……而通过家庭教育来激发孩子的内在潜能，就能借助人际关系、团队精神等的培养找到领导力培养的入口，鼓励他们用开放的心态去主动交流、引领他人的行动，而这也是最核心的领导力。

未来领导者应具备的主要特质

未来领导者应该具备以下一些特质：

1. 好的家庭环境

对未来领导者影响最大的就是家庭环境，尤其是父母的影响。比如，父母所教导的价值观、无条件地对家庭的付出、对子女的期望……这些对未来领导者的培养都发挥着极其重要的作用。

以身作则的父母对孩子的影响重大，他们树立的榜样，可以塑造孩子的正确价值观，对于领导力的培养有着深刻的影响。可以说，未来领导者的特质最初就是在家庭环境下成形的，这些特质包括强大的适应力和自信心。

2. 学习和交友

在成为未来领导者的路上，青少年时期对未来领导者人格的养成具有至关重要的作用，这一阶段的学习过程和交往的朋友，对未来领导者一生的发展都起着重要的支持作用。

青少年时期是否能获得周围人的尊重、支持、倾听，以及被周围人所认同和接受，都是未来能否成为领导的关键因素。

青少年在成长和学习阶段，他们会观察并学习他人和团体的行为准则，同时发挥自己的影响力。多年后，他们在这一时期的学习和成长体验和交友，将为其未来的发展方向提供一个可靠的参照坐标，为他们的一生提供支持和产生影响。

青少年时期结交的朋友也会在其一生中占据重要地位，因为这时期建立的友谊更单纯，也更长久。大家彼此照顾，共渡难关，少了成人眼中的目的性，不会因为对方身居高位才想与其成为朋友。

3. 重大事件

在不同的人生阶段，每个人都会经历一些足以改变自己一生的重大事件，这些经验给我们提供了学习成长的机会，即使是遭遇挫折，也能学到东西。领导者在其一生中也会遭遇挫折、失败、不顺利或不幸事件。他们对待挫折的态度决定了他们人生的未来发展高度。

4. 机会和好运气

要想成为领导者，不仅需要提前做好准备，还需要遇到机会。如果机会来了，但你还没有做好准备，你也抓不住机会；有时则是做了充分的准备，却没有机会……未来领导者的造就也需要天时地利的完美结合。因此，在某种程度上，要想成为一个未来领导者，也需要幸运之神的眷顾。所谓"时势造英雄，英雄造时势"，他们不会毫无准备地守株待兔，而是时刻准备迎接机会来临。

5. 主动出击

未来领导者具有强大的主观能动性，懂得主动出击，能够做到别人做不到的事。在不确定的情况下，未来领导者有魄力采取主动，不会将命运交到别人的手上。他们自信、积极主动、内心有很强的控制力，相信自己的能力和知识，这种自信心使得他们的内心变得特别强大。

6. 不断学习和调整

未来领导者并不会因为实现了领导者这一目标而停止学习，而会更加努力地抓紧学习，不断提高自己。通过这样一个持续更新的过程，他们往往更能适应不断变化的现实情况。

对优秀的领导者来说，学习不是目标，而是方法；学习不是结果，而是过程。经过持续性的学习和改变，领导者就不会故步自封、得意自满，而是不断地调整自己，继续前进。

第二章

成为领导者，
你的孩子准备好了吗？

让孩子明确：我适合当领导者，不是跟随者

在培养孩子领导力之前，先要让他问问自己：我适合当领导者，还是跟随者。因为不同的答案，决定着孩子日后的自我定位。

领导者和追随者都有一种思维定式，他们看待世界的方式完全不同：一个是主动的，另一个是被动的；一个是乐观的，另一个是悲观的；一个人看到待办事项清单时，另一个人只能看到可能性。

领导力不是任何人都能给予的，必须自己主动去赢得它，并向外界展示自己拥有它。

在培养孩子领导力之前，让孩子先试着回答以下问题：

1. 你是否愿意超越自己

追随者只会做好自己的工作，无论工作做得多么出色，都不会超越他们的基本职能。

领导者认为他们的工作描述是最低限度的，是他们取得成就的基础，他们的真正作用是增加价值，只要看到机会，就会主动出击。

2. 你是否有信心

追随者认为，其他人的才华和成就对自己是一种威胁，领导者则会将

他人的才华和成就视为一种宝贵的财富。

领导者想要让事情变得更好，会尽可能地寻求别人的帮助，他们是团队真正的带领者，敢于承认自己需要别人，在软弱的地方依靠别人的帮助坚强起来。

3. 你是否乐观

遇到任何情况，追随者只能看到固有的局限性，领导者却能看到无限的可能性。犯了错误时，领导者不会纠结于事情有多糟糕，不论困难有多大，他们都会努力让事情变得更好。

4. 你是否愿意改变

追随者满足于维持现状的安全，认为变化既可怕又麻烦。

领导者能在变化中看到机遇，会不断改进，从不害怕问："下一步是什么？"

5. 你是否果断

追随者在行动上犹豫不决，因为他们担心自己会做错事。

领导者不怕做决定，即使他们无法确定这样做是否正确。但是，他们依然愿意做出决定，而不是因优柔寡断或止步不前。

6. 你是否有责任感

犯了错误时，追随者会立刻责怪环境和其他人。

领导者则能在最短的时间内接受对自己行为的问责，不担心承认错误会让自己看起来更糟，因为他们知道这是自己必须承担的责任。

7. 你是否镇定自若

追随者会被障碍和困难所困扰，出现问题时，会认为整个项目注定要失败。

领导者在遇到障碍和接受挑战时，他们能够从容不迫地面对问题、坚持到底。因为他们知道，即使是最周密的计划，也可能在实施时遇到意想不到的问题。

8. 你是否谦虚

追随者总是在追逐荣耀，而忘记了谦虚的重要性。

领导者知道谦虚的重要性，不会对其他人颐指气使。

9. 你是否拥有热情

追随者被困在苦差事中，他们之所以愿意去工作、完成任务，主要是因为他们可以在一天结束后回到家里时，重新开始真正的生活。

领导者热爱自己从事的工作，会将工作视为现实生活的重要组成部分，而不是可有可无的替代品。对于他们来说，工作不仅是自己维持生活的手段，而且是他们的重要组成部分。

10. 你的动力是否来自内心

追随者只会受外部因素的驱使，而不会主动出击。比如，下一个头衔，下一次加薪，下一个职位的提升。

领导者有内在动力，不会为地位或财产而工作，有动力去出类拔萃，即使面前没有"胡萝卜"摇摆，也会继续前进。

11. 你是否专注于头衔

追随者一般都非常关心头衔，无论是自己的头衔，还是同事的头衔。他们非常清楚谁在谁之上，因为他们缺乏从内部创造领导力的技能和动力。

领导者关注的是每个人带来了什么，而不是名片上印着什么。

12. 你是否关注他人

追随者关注的是他人能取得什么成就。

领导者是团队的一员，知道"伟大的成就是集体的壮举，领导者的优秀程度取决于成员所能取得的成就"。

13. 你是否愿意学习

追随者忙于证明自己有能力从任何人那里学到任何东西。

领导者虽然自信，但知道自己既不是超人，也不是无所不知。对于自己不知道的事情，他们敢于承认，愿意向任何能教他们的人学习，无论是成员、同辈，还是上级。

让孩子明确：我能承担起领导者的责任

领导并不是指等级、头衔、特权或金钱，卓有成效的领导者清楚地知道，自己必须为最终的结果负起责任，无论是好的结果还是不好的结果，他们都必须面对，并全权负责。因此，他们渴望有强而有力的团队，他们十分自律，并要求成员百分之百地付出和贡献，不担心成员的能力比自己强。但当成员不努力时，他们也会严肃地给予提醒。

领导者更会把成员的成功视为自己的成功，而不会看成对自己的威胁。

领导是一项工作，领导者必须承担责任，并协助成员做正确的事，以言行一致、树立典范为要求，做出重大的贡献，实现组织的使命与愿景，真正成为一位有责任有担当的人。

如果你不知道孩子能否承担起责任，可以让他做一做以下测试：

1. 我做事总是非常认真，即使让人感觉有点儿过分。

A. 是　　B. 否

2. 和同学约好一起玩，我会准时赴约。

A. 是　　B. 否

3. 我做事向来都是善始善终，有头有尾。

A. 是　　B. 否

4. 不论做什么事情，别人都很信任我。

A. 是　　B. 否

5. 我认为每一天自己都是进步和发展的。

A. 是　　B. 否

6. 我总是将事情拖到最后一刻才做。

A. 是　　　B. 否

7. 有时候我会有放任自流的想法。

A. 是　　　B. 否

8. 专心致志地做一件事，如果持续时间很长，对我来说就很困难。

A. 是　　　B. 否

9. 在开始做一件事情之前，我需要准备很长时间。

A. 是　　　B. 否

10. 我常常会忘了需要做的小事情。

A. 是　　　B. 否

11. 学习或玩游戏，别人都很难和我步调一致。

A. 是　　　B. 否

12. 我喜欢评论和批评别人。

A. 是　　　B. 否

13. 别人以为我是一个懒散的人。

A. 是　　　B. 否

14. 只要答应做某件事情，不管过程多麻烦，或有很多变故，我都会努力实践诺言。

A. 是　　　B. 否

15. 有时候做事情，我想马马虎虎蒙混过去。

A. 是　　　B. 否

16. 我比其他人都更守诺言。

A. 是　　B. 否

17. 如果需要早起床，我会上好闹钟。

A. 是　　　B. 否

18. 参加任何选举，我都不在乎自己得到的票数。

A. 是　　　B. 否

19. 在街上，我不会随地乱扔垃圾，一定要扔到垃圾箱。

A. 是　　　B. 否

20. 为了逃课，有时我会装病。

A. 是　　　B. 否

21. 我确信自己是个幸运儿。

A. 是　　　B. 否

答案计分：

1. A=1，B=0 2.A=1，B=0 3.A=1，B=0 4.A=1，B=0

5. A=1，B=1 6.A=0，B=1 7.A=0，B=1 8.A=0，B=1

9. A=0，B=1 10.A=0，B=1 11.A=0，B=1 12.A=0，B=1

13. A=0，B=1 14.A=1，B=0 15.A=0，B=1 16.A=1，B=0

17. A=1，B=0 18.A=0，B=1 19.A=1，B=0 20.A=0，B=1

21. A=1，B=0

结果分析：

0~7 分：孩子的责任感现状不佳。

处于这一分数段的孩子责任感较差，做事情敷衍了事，不太愿意帮助他人，想事情总是以自己为中心。孩子的兴趣、情绪变化比较快，爱好常常变来变去，给人一种朝三暮四的感觉。孩子可能对很多东西都感兴趣，却没有哪一项会下功夫去做好。

8~14 分：孩子的责任感现状中等。

得分处于这一分数段的孩子责任感水平处于中等。他们做事会考虑后果，对于一些比较简单的任务，可以坚持下去。他们和朋友的关系较好，愿意帮助其他人做事，但对待别人的事情不如对待自己的事情认真。

15~21 分：孩子的责任感现状良好。

得分处于这一分数段的孩子富有责任感。他们关注社会和外界的事情，会有悲天悯人的感情。他们会主动帮助他人，以别人的快乐为自己的快乐。只要是答应别人的事情，他们就会全心全意地做好，即使有时候不能如愿，仍然会全力以赴做好这些事情。

让孩子明确：我能带领团队坚持做好一件事

带领团队，是领导者需要具备的能力。在培养孩子领导力之前，可以让孩子做一做以下这个测试，推断孩子的坚持力是否强大。

1. 你在同学家中和他一起玩，茶几上放着一盒你喜欢吃的巧克力，但同学无意请你吃，当他离开座位时，你会怎么做？

A. 立刻吞下一块巧克力，再抓一把塞入自己的口袋里。

B. 一块接一块地吃起来。

C. 安静地坐着，抵抗巧克力的诱惑。

D. 对自己说："才不吃什么巧克力，我很快就会有一顿丰盛的晚餐了！"

2. 你发现同学没将他的日记锁好便离开了座位，你很想知道他对你的评价，你会怎么做？

A. 克制自己，不去偷看。

B. 立刻离开座位去找他，不允许自己有偷看的机会。

C. 匆匆翻过数页，直至内疚感令你停下来。

D. 急不可耐地翻开看，然后责问他居然敢说你好管闲事。

3. 你意外得知了同学的许多秘密，很想与别人分享，你会怎么做？

A. 立刻告知其他同学。

B. 不打算告诉任何人，但会让这个同学知道，你已经发现了他的秘密，使他不敢对你不太客气。

C. 什么也不做，继续和他做好朋友。

D. 保守秘密。

4. 你正在努力存钱，准备年底买一套动漫，但逛街时看到了一件中意的衣服，你会怎么做？

A. 每次经过那家店铺时都蒙住眼睛，直到那件衣服被卖掉。

B. 自己买衣料，缝制一件一样的衣服，但价钱便宜得多。

C. 不顾一切地买下，然后哀求父母借钱给你去买动漫。

D. 放弃它，没有任何东西可以阻止你的购买计划。

5. 你非常在意与同桌的友谊，对方却只在无聊的时候才想起你。

一天，同桌让你放学时等他，你会怎么做？

A. 下课后在门口等他，即使花费很长时间也觉得值得。

B. 并没有回应对方，虽然你不想这样，但你需要的是一个真正关心你的人。

C. 先让对方答应以后会更好地对待你，你才答应等他。

D. 直接拒绝对方。

6. 对新年许下的愿望，你持什么态度？

A. 只能维持几天。

B. 可以维持两到三年。

C. 懒得去想什么愿望。

D. 可能会违背它。

7. 如果早上六点起床温习功课，晚上便可以有更多的时间去做其他事情，你会怎么做？

A. 虽然每天早上六点闹钟会准时叫醒你，但你仍然赖在床上，直至八点才起来。

　　B. 把闹钟调到五点半，以便在六点准时起床。

　　C. 大约在六点半起床，然后洗个澡，让自己清醒。

　　D. 算了吧，充足的睡眠比温习更重要。

8. 如果需要在六周内完成一项重要任务，你会怎么做？

　　A. 在接到任务五分钟后就开始进行，以便有更充足的时间完成任务。

　　B. 截止日期前一天才开始进行。

　　C. 每次想动手时都有其他事让你分神，最终无法进行。

　　D. 立刻进行，并保证在截止日期前两天完成。

9. 医生建议你周日多做运动、多锻炼身体，你会怎么做？

　　A. 只在前两个星期照做。

　　B. 坚持运动。

　　C. 散步去买零食，然后坐公交车回家。

　　D. 最初几个星期按指示去做，待医生检查后立即放弃。

10. 同学想约你通宵看电影，但你需要第二天早晨七点起床做作业，你会怎么做？

　　A. 看到晚上九点半回家睡觉。

　　B. 拒绝对方，好好地睡一觉。

　　C. 视情绪而定，如果太疲倦就第二天先不写。

　　D. 看通宵，然后倒头大睡。

计分方法：

1. A=1 分，B=2 分，C=3 分，D=4 分

2. A=4 分，B=3 分，C=2 分，D=1 分

3. A=1 分，B=2 分，C=3 分，D=4 分

4. A=3 分，B=2 分，C=1 分，D=4 分

5. A=4 分，B=3 分，C=2 分，D=1 分

6. A=3 分，B=4 分，C=2 分，D=1 分

7. A=2 分，B=4 分，C=3 分，D=1 分

8. A=3 分，B=2 分，C=1 分，D=4 分

9. A=2 分，B=4 分，C=1 分，D=3 分

10. A=3 分，B=4 分，C=2 分，D=1 分

各题得分相加，得出总分。

测试结果：

18 分以下。孩子并不是缺乏意志力，遇到自己感兴趣的事，以及能及时获得满足感的事情，他会坚持下去。他很想坚持自己的目标，但可惜的是，很少能够坚持到底。

18~30 分。孩子懂得权衡轻重，知道什么时候要坚持到底，什么时候要适当放松。他属于坚持原则的人，但遇到特别感兴趣的东西时，好奇心也会战胜意志力。

31~40 分。孩子有极强的坚持力与自控力，任何人、任何事都不会让

他改变主意。但是，有时太过执着也并非好事，若是能偶尔尝试改变一下，生活可能会更精彩。

让孩子明确：我说的话，会让别人信服

很多人认为说服他人的能力是天生的，是学不来的。但事实并非如此，个人的说服力是可以通过后天培养的。

孩子知道自己的说服力有多强吗？如果他还不是很清楚，请利用以下测验让孩子做自我评估。

1. 你给自己制订计划了吗？

A. 我有一整套划分清楚的短期、中期、长期目标。

B. 我知道自己的大致整体目标是什么，但很少明确思考这个问题，也几乎不跟别人讨论。

2. 你擅长记人名吗？

A. 我会刻意记住刚相识者的名字，并在交谈中适时称呼对方。

B. 我能记得笑话、故事，以及各种琐碎的小事，可是我在记人名方面最差劲儿。

3. 你会努力说服他人吗？

A. 在设法说服别人接受我的看法时，我会精神亢奋。

B. 我相信"人各有志"，不会花费精力去说服别人接受我的看法。

4. 你学习努力吗？

A. 必要时我会格外努力地学习，因为我想实现自己的目标，因为我喜欢成功的感觉。

B. 必要时我会格外努力地学习，因为我不得不如此，而且我必须做别人的榜样。

5. 与人交谈时，别人如何评判你的提问？

A. 对方常会略微思索一下，然后说："你这个问题问得非常好。"

B. 别人很少评判我提出的问题如何。

6. 听了对方说的话之后，你如何应对？

A. 把他说的内容主旨重述一遍给他听，以证实我领会的意思无误。

B. 我觉得重述一遍别人刚说过的话是多余的，且浪费时间。

7. 你喜欢称赞他人吗？

A. 我随时不忘诚恳地称赞别人。

B. 我觉得不应随便称赞人，因为别人可能会不当一回事。

8. 你如何说服他人？

A. 我会运用许多比喻、类推等实例故事。

B. 我进行说服的时候只说事实、道理、论据。

9. 如果某件事情由你负责，你会怎么做？

A. 我会用相当长的时间向大家说明我们采取某一做法的原因。

B. 我以完成任务为首要考量，如果有多余的时间，我会向大家说明采取某一做法的原因。

10. 如果有多个方法可选择，你会如何选？

A. 我通常会采用多数人能够接受的那个。

B. 我会带领大家遵循我认为最妥当的方法。

计分方法：

1.A、B 两个答案的总分是 3 分。

2. 如果你觉得 A、B 两个答案都符合你的现状，比较常有的一个给 2 分，较少有的一个给 1 分。

3. 如果 A 和你的现状完全一致，B 和你的现状不符，那么，A 得 3 分，B 得 0 分。反之，A 得 0 分，B 得 3 分。

完全解析：

1. A 答案的总分高于 B 的总分，即 A ＞ B，说明你在说服力方面表现尚佳。A 答案的总分比 B 答案的总分高得越多，显示你的说服力越强。如果两者的比例达到 2：1，恭喜你！你的说服力堪称一流。

2. A、B 两个答案的总分很接近，即 A=B，说明你需要多下点儿功夫。

3. B 答案的总分高过 A 答案的总分，即 A ＜ B，说明你要多花点儿时间向高手请教，从基本功开始学习和改进。

让孩子明确：我善于决策

决策力，就是领导者做出决定或选择的能力，是领导者通过分析、比较，在若干种可供选择的方案中选定最优方案的过程。领导者为了实现某种目标，会对未来一定时期内有关活动的方向、内容及方式进行选择或调整。

从经营管理的角度来说，领导就是决策，决策是领导的核心。领导者要牢记：改变带来问题、问题需要管理、管理就是决策。

身为领导者，要想取得非凡的成就，就必须具备多方面的卓越能力，而决策力就是领导者所有必备能力中最重要的一种。也就是说，决策力决定了领导者所能取得的成就大小。

那么你的孩子是否拥有卓越的决策力呢？孩子的决策力如何呢？让孩子做完下面的测试就会知道了。

下面的测试中，每道题目选 A 得 10 分，选 B 得 5 分，选 C 得 1 分，最后计算总分。

1. 遇到突发问题时，你能迅速地做出决定吗？

A. 我能迅速地做出决定，且不会后悔。

B. 我需要一定的时间来决定，不过最后一定能做出决定。

C. 我无法在短时间内做出决定，必须慢慢思考，否则会把事情搞得一团糟。

2. 在进行某项很艰难的决策时，你的热情高吗？

A. 我通常会做好一切准备，无论结果怎样，我都可以接受。

B. 如果是必须要做的决策，我会做，但我并不喜欢这一过程。

C. 一般情况下，我会避免这种情况发生，我认为最终会有结果的。

3. 如果合作中出现问题，你会如何？

A. 立刻道歉，并主动承担责任。

B. 找各种借口，推脱责任。

C. 责怪他人。

4. 如果你的决策遭到大家的反对，你会如何？

A. 我会努力捍卫自己的观点，但是依旧和他们是朋友。

B. 我会首先维持大家的和平状态，并想办法说服他们。

C. 我通常会听从别人的意见。

5. 你认为自己的分析能力如何？

A. 分析问题时我会通盘思考，不会在细节上考虑太多。

B. 我会先做好计划，然后根据计划分析问题。

C. 我会认真考虑每件事，尽可能延迟应答。

6. 你在别人眼里是一个乐观的人吗？

A. 同学们都很依赖我，称我为"队长"。

B. 通常，我会在同学们面前努力做到乐观，不过有时我很悲观。

C. 遇到问题时我会表现得很悲观。

7. 你有多恋旧？

A. 买了新衣服，旧衣服就基本不穿了。

B. 我会保留一部分旧衣服，毕竟是有感情的。

C. 我现在还有高中时代的衣服，我喜欢留着旧物。

8. 你有多独立？

A. 我喜欢自己做出决定，喜欢一个人住。

B. 遇到问题，我愿意做出让步，更喜欢和别人一起住。

C. 父母征求我的意见时，我不喜欢参与。

9. 你喜欢冒险吗？

A. 我喜欢冒险，认为冒险是生活中比较有意义的事。

B. 我喜欢偶尔冒险，不过需要认真考虑一下。

C. 不能确定，如果没有必要，我不会去冒险。

10. 让自己符合别人的期望，对你来讲有多重要？

A. 不是很重要，我只对自己负责。

B. 通常我会努力满足他们，不过我也有自己的底线。

C. 非常重要，我不希望失去与他们的合作。

测试结果：

10~24 分：你的决策能力很差。

你现在的决策方式对于领导力的提升是一个不小的阻碍。你需要在以下方面做出改进：分析能力过强；过于依赖别人，喜欢取悦别人；会因为恐惧而退却，因为障碍而放弃；害怕失败，不敢冒险，不敢对任何后果负责。

25~49分：你的决策能力中下。

你的决策速度可能比较缓慢，会影响到你未来学业的发展。你需要在以下方面做出改进：你太过在意别人的看法和想法，你总是把注意力集中在别人的观点上；当你自己做决策时总是畏畏缩缩，并且不敢对后果负责。

50~74分：你的决策力一般。

你有潜力成为一个有能力的决策者，不过依然存在一些需要改进的地方：过于喜欢取悦他人；分析能力太强，而这也会造成你过于依赖他人；有时你还会因为恐惧而止步不前。

75~99分：你的决策力不错。

你是个十分有能力的决策者，不过有时思想上存在一定的障碍，可能会减慢你前进的步伐，但你有足够的精神力量继续前进，并会为你的生活带来大的改变。不过，在前进的道路上，你要随时警惕障碍的出现，充分发挥自身的力量，你要相信，这种力量会帮助你改变一切。

100分：你的决策力很棒。

你的决策方式对于领导力的提升是一笔真正的财富。

第三章

自我认知

—— 未来领导力培养的起点

告诉孩子：只有正确认识自己，
才能更好地发展自己

老子在《道德经》第三十三章讲："知人者智，自知者明。胜人者有力，自胜者强。"这一段的意思是：真正的智慧，是认识自己；真正的强者，是战胜自己。

老子用最精简的文字，回答了个人成长的核心问题。

一个人只有先认识自己，接纳自己，才能更好地发展自己；同样，只有认识了他人，才能真正理解他人，影响和改变他人。

所谓"当局者迷，旁观者清"。从这里也可以看出，有时我们并不能真正认知自己。

现实中，多数人看别人都很清楚，却看不明白自己。因为看待自己时，人都会自带美颜功能。当然，还有不少人过于自卑，放大自己的缺点，而看不到自己的长处。

优秀的领导者通常都十分了解自己的优势和短板，可以避免因为自己的行为习惯而导致的风险或冲突出现。相反，不重视认识自己和管理自己的人，因为缺乏对自己的思维模式和行为习惯的认知，会在人性本能的驱动下采取行动。

正确地认识自己，对于每个人来说都是一件极其重要的事。优秀的领导者一般都能正确地认识自己，他们清楚地知道自己的身份、使命，能够找到自己的目标，并清楚实现目标的价值，面对生活中经历的任何一件事，他们都会充满热情，他们的人生也无比有动力。

人越早具有使命感，越容易培养强烈的责任心。所以，为了培养孩子的领导力，家长就要从小帮助孩子正确认识自己，清楚自己的人生使命和价值。

1. 寻找机会让孩子看到一个全新的自己

寻找机会让孩子看到一个全新的自己，关键是要去寻找和肯定孩子的优点，而不是指责和强化孩子的负面行为。只要肯干、善于发现，孩子总有亮点值得被赞赏。

列举孩子做得好的一件事，对他进行鼓励，告诉他"你能做到"；注意孩子的每一次进步，并对他进行强化，"你今天这样做很好，没有犯以前的错误"。孩子犯错误时，不要太强调他的错误，要分析和赞赏他积极的补救措施。

这一切都可以帮助孩子扭转态度，让孩子看到全新的自己，感受到不是活在以前父母或者别人认为的那个旧角色里面，知道"原来我也可以"！

2. 创造机会让孩子另眼看待自己

创造机会让孩子另眼看待自己，关键是家长要为孩子主动创造机会、提供方法，让孩子学着去做，认识自己，明白"原来我可以这样做"，而且"这样我是可以成功的"。

有时候孩子不知道怎么去做，怎么去改变。这时家长就要开动脑筋，从小的地方着手，给孩子提供方法、提供机会、帮助孩子，让孩子获得成功的经验，慢慢就能明白"原来这样我就可以做到"。

3. 让孩子无意中听到你对他的正面评价

无意中听到别人的夸奖，乃是一种惊喜，对孩子来说更是如此。他会明白"原来妈妈在对别人夸奖我啊！""原来我做的这一件事情是好的啊！""原来妈妈都记得啊！"这样会让孩子更加努力向家长夸奖的方向发展。

无意中听到的夸奖真诚度和可信度更高，带来的冲击更大，更能让孩子看到自己的闪光点，强化自己的正面行为。

告诉孩子："三省吾身"是最基础、最简便的方法

不善于反省自己，就会在错误的道路上越走越远。遇到矛盾，从不反思自己，一味地从对方的身上挑毛病，最终只能让自己陷入孤立无援的境地。

遇到矛盾，优秀的领导者都会反省自己。如果发现是自身的过错，就

果断改正；发现自身无过，也会内心坦然。

遇到挫折，总是怨天尤人，只会招来他人的反感，让自己做事情更加不顺。所以，真正具有领导力的人，会通过反省自己、完善自己，来实现自己的目标。

明代大学士徐溥自幼天资聪明，读书刻苦。他性格沉稳，举止老成，在私塾读书时，从来都不苟言笑。塾师发现他经常会从口袋中掏出一个小本本看，以为是小孩子的玩物，等走近才发现，原来是他自己手抄的一本儒家经典语录，由此对他十分赞赏。

徐溥还效仿古人，不断地检点自己的言行。他在书桌上放了两个瓶子，分别贮藏黑豆和黄豆。每天晚上，他都要检视一下自己一天的言行，如果是好的、满意的，就取出一粒黄豆，放在一个瓷瓶里；如果感到错的、不好的，则取出一粒黑豆，放在另一个瓷瓶中。每过一段时间，他都要倒出瓷瓶里的豆粒，黄豆多，他心中欣慰；黑豆增加了，他就告诫自己。他还有一本记事簿，将大事记录于上。

他亦从曾子每日三省吾身中受到启发，用丢豆子的做法进行自律，后来竟然养成了习惯。直到他后来为官，都还保留着这一习惯。凭着这种持久的约束和激励，他不断地修炼自我，完善自己的品德，终于成为德高望重的一代名臣。

曾子曰："吾日三省吾身：为人谋而不忠乎？与朋友交而不信乎？传不习乎？"自我反省是指，检查自己的思想行为，检查其中的错误。它包括两个重要部分：自我觉察和自我评价。自我觉察，是指对自己的感知、思维和意向等方面的觉察；自我评价，是指对自己的想法、期望、行为及人格特征的判断与评估，这是自我调节的重要条件。

优秀的领导者都能做到自我觉察，他们会跳出当事人的角度，站在第三者的角度，进行理智的自我评价和自我反省。因为他们知道，一直沉浸在当事人的角度，就容易为情绪所控制，思考比较狭隘，容易做出冲动的决定。

自我反思是一个思想斗争的过程，孩子通过自我反思，分析自己的行为动机，检查自己的行为后果，评价自己的道德行为，思考自己与品德高尚者的差距，才会让自己的行为有明确的方向，从而加强自己的品德修养。

父母可以引导孩子每天都反思一下自己的所作所为，总结一下自己的行为表现，找出自己有哪些地方做得不对，哪些地方需要改进，应该怎样改进和提高。让孩子慢慢地养成自我反省的好习惯，时间长了，孩子就不会犯同样或类似的错误，也能分辨是非真伪了。

1. 让孩子自己去承担做错事的后果

让孩子自己去承担做错事的后果，孩子才能学会反省。父母要让孩子懂得，自己办错了事，就该自己负责，从而使其引以为戒。

有的孩子弄坏了别人的文具，父母会为犯错的孩子掏钱，让他为同学买新的；有的孩子打球时打碎了邻居家的窗户，妈妈会主动拿钱补偿……

这样的做法只会助长孩子不负责任的恶习。

父母不要事事为孩子承担责任，孩子做错了事情，要鼓励孩子认真分析错误，主动承担后果。同时，父母还要允许孩子为自己辩解。

当然，给孩子辩解的机会，并不是教孩子推卸责任。孩子在辩解的过程中，不仅让父母了解到事情的真实情况，还锻炼了孩子的反省能力。

2. 用负面道德情感促使孩子反省

让孩子自觉地对自己有害于社会或他人的行为感到羞愧和内疚，是一种改变其行为的合理方式。

羞愧和内疚是主要的负面道德情感，这种情感体验会更加深刻地促进孩子的反省，其教育效果远比父母直接的正面教育有效。

父母可以尝试从正反两个方面唤起孩子的反省意识。一方面，在生活中为孩子灌输诸如正直、善良、勇敢等正面道德情感；另一方面，让孩子体验羞愧、内疚等负面道德情感。因为羞愧和内疚等负面道德情感与正面道德情感相比，更能在孩子的心中留下深刻的记忆，促使孩子不断自我反省，区分好坏、是非和美丑，从而改正自己的错误。

3. 让孩子学会总结经验教训

让孩子学会总结经验教训，其实就是在帮助孩子养成自我反省的习惯。比如，孩子将同学心爱的图书弄坏了，同学不和孩子玩了，如果孩子想："如果是我的图书撕烂了，我会怎么做？"他就会慢慢学会自我反省。

另外，如果孩子的成绩好，会在心里对自己最近的表现进行评价和定位，然后维持自己好的行为，取得更优异的成绩；如果孩子的成绩不理想，遭到很多人的批评，也会想自己哪些地方做得不够好，应该如何改善。

将结果和过程结合在一起进行自我反省，孩子再次行动时就会先考虑后果，并对自己有个更清楚的认识，也会自己判断事情的结果会如何，如果事情的结果和自己预想的结果出现了偏颇，他们就会反思自己的行动，从而调整自己的状态。

告诉孩子：以他人为镜，可以看清自己

身边人就是自己为人处世的一面镜子。

看清自己的优势和不足，做出改变，才能不断精进自我，遇见更好的自己。

鲁迅先生说过："无穷的远方，无数的人们，都和我有关。"的确，认识别人不难，看清自己却很难。生而为人，每个人都不是一座孤岛。这个世界上最强大的能力，莫过于通过别人，看清自己。

一路走来，注定会遇到形形色色的人，看到各种各样的行为，只关注别人，很快就会眼花缭乱，困顿迷惑。优秀的领导者往往能透过现象，看到本质，透过他人，看清自己。当然，这里的他人，既指身边的高人、能人，特别是视野开阔、有大局观念的人，也包括历史上的经验教训。当然也包括自己。

在培养孩子领导力的过程中，家长也要引导孩子以他人为镜。

1. 反观自己

男孩和父亲一起在野外放风筝，看到自己的风筝每次都比别人飞得低，就生气地把风筝扔到地上。

父亲看到后，说了一番意味深长的话："孩子，你要记住，以后无论做什么事，心里都应该有两个问号。为什么别人不能比我更成功？为什么自己会输给别人？"

正所谓："行有不得，反求诸己。"懂得向内归因，才能向外成长。

2. 警醒自己

罗翔教授曾说到自己在上大学的时候，非常讨厌同宿舍里睡在自己上铺的同学。因为这位同学睡觉总是翻来覆去，而且还打呼噜。直到后来罗翔才发现，原来自己的鼾声才是全宿舍最响的。而这位睡在上铺的兄弟之所以会翻来覆去，正是因为罗翔的鼾声，吵得他睡不着觉，又不好意思叫醒罗翔。

《弟子规》有云："见人善，即思齐。纵去远，以渐跻。见人恶，即内省。有则改，无加警。"在对别人产生负面情绪的时候，应该把它作为一面镜子，检视自己。要常在心里警醒自己：不要活成自己讨厌的样子而不自知。

3. 改变自己

心理学家将人的思维分为两种模式：固定型思维和成长型思维。前者拒绝改变，虽然时刻想证明自己的能力，却不会从失败中学习，甚至容易将自己定义为失败者；相反，拥有成长型思维模式的人，他们热爱挑战，相信自己可以改变自己。

曾国藩在科举考试第六次落榜时，考卷被当成了反面典型。主考官说："此文是文理欠通的典型，文笔尚可，道理没讲通，大家要引以为鉴。"回家后，曾国藩一头扎进书房里，总结失利的原因，改变过去的学习思路，针对不足，下苦功夫。最终，第七次参加科举考试，曾国藩中了秀才，之后一路高中进士。

改变，从来不是一件容易的事，需要通过他人，向内不断反思，成为一个可以决定自己未来方向的人。人生没有标准答案，多检讨自己的得失，少挑剔他人的是非，才能少栽跟头、少走弯路。

告诉孩子：可以通过"测评工具"来提升自我认知

对于每个想要不断成长的人来说，认识自己都是伴随一生的课题。虽然外界在不断发生变化，但内在的一些特质、个性、期待在一段时间内是相对稳定的，也是可以预见的。

每个人都有与他人不同的天赋和特质，也因不同的成长经历而有不同的兴趣、能力、价值观。更多地认识了解自己，就能更好地找到适合自己的发展路径、人际相处方式，看见自己与他人的不同，从而更好地接纳自己，找到真正属于自己的那条路。

目前市面上有一些"测评工具"，可以让孩子从另一个维度更好地了解自己，认识自己的特性和优势，看见一个更全面、更立体的自己。

1. 霍兰德职业兴趣自测

霍兰德职业兴趣自测，是由美国职业指导专家霍兰德根据他本人大量的职业咨询经验及其职业类型理论编制的测评工具。霍兰德认为，个人职业兴趣特性与职业之间应有一种内在的对应关系。工作满意度与流动倾向性，取决于个体的人格特点与职业环境的匹配程度。当人格和职业相匹配时，就会产生最高的满意度和最低的流动率。

根据兴趣的不同，人格可分为：研究型（I）、艺术型（A）、社会型（S）、企业型（E）、传统型（C）、现实型（R）六个维度，每个人的性格都是这六个维度的不同程度组合。

2. 迈尔斯—布里格斯类型指标（MBTI）

MBTI 的基础是著名心理学家卡尔·荣格先生关于心理类型的划分，后经一对母女凯瑟琳·库克·布里格斯（Katharine Cook Briggs）与伊莎贝尔·布里格斯·迈尔斯（Isabel Briggs Myers）研究并加以发展。作为一种对个性的判断和分析，MBTI 从纷繁复杂的个性特征中归纳提炼出四个关键要素，即注意力方向、认知方式、判断方式和生活方式，并对其进行分析判断，把不同个性的人区别开来。

MBTI 分类模型和理论的意义在于"解释人与人之间的差异现象"，以及优化决策，对决策流程"进行理性的干预"。

MBTI 共有四个维度，每个维度有两个方向，共计八个方面。

与世界的相互作用是怎样的？外向（E）和内向（I）

如何搜集信息的？感觉（S）和直觉（N）

如何做决定？思考（T）和情感（F）

做事方式？判断（J）和感知（P）

每个人的性格都立足于四种维度每一种中点的这一边或那一边，把每种维度的两端称作"偏好"。例如，如果你落在外向的那一边，就说明你具有外向的偏好；如果你落在内向的那一边，就说明你具有内向的偏好。

3.DISC 性格测试

DISC 这个理论是一种"人类行为语言"，DISC 研究的是由内而外的人类正常的情绪反应。

DISC 中的四个字母分别代表四种类型：

D：Dominance（支配性）

I：Influence（影响性）

S：Steadiness（稳定性）

C：Compliance（服从性）

DISC，代表着一种可观察的人类行为与情绪，会使人对自己和他人有更深入、具体、完整而客观的了解。

4. 盖洛普优势测评

为了帮助人们发现自身优势，"优势心理学之父"唐纳德克利夫顿博士与《盖洛普优势识别器 2.0》的作者汤姆拉思及盖洛普科学家团队研发了一项科学的优势测量工具——优势识别器，并将这项独一无二的测量工具纳入了管理类畅销书《现在，发现你的优势》中。

基于对上百万份优势识别器测试结果的分析，盖洛普科学家团队改良并开发出全新版测试——优势识别器 2.0。经过多年的研究，这个测量工具已经帮助成百上千万人发现并发挥出他们的天赋优势。

5. 津多巴时间观念测试

时间观念是每个人对于时间和过程的一种无意识的个人态度。心理学家津多巴把时间划分为过去、现在和未来三个维度，每个维度又细分为两种时间观。但这个测试不同于上面的测试，都有确定的理想结果和最佳的组合。

统计结果显示，有上进心的人希望自己成为有着更好的习惯，做事能够深思熟虑、执行力高，具有"未来导向"属性的人。社会上那些中坚力量大多也是这一类人。所以，很多优秀领导者看待时间的态度就是满足于现在，不满于未来。

告诉孩子：自我激励，能促使自己不断进步

放眼世界，几乎所有领导者，都拥有一项共同的情商特质：自我激励。

我们都知道华罗庚是伟大的数学家，但是又有多少人知道他是如何拖着病体一步一步走向成功的呢？华罗庚年轻时因家庭贫困、身体不好而没能完成学业，可是他没有放弃，坚持自学，不断自我激励。

年轻的华罗庚顽强地和命运抗争。白天，他拖着病腿，忍着关节剧烈的疼痛，拄着拐杖一颠一颠地干活；晚上，他在油灯下自学到深夜。1930年，他的一篇名为《苏家驹之代数的五次方程解法不能成立的理由》的论文在《科学》杂志上发表了，这一举动惊动了清华大学数学系主任熊庆来教授。之后，清华大学聘请华罗庚当了助理员。在名家云集的清华园，华罗庚一边做助理员的工作，一边在数学系旁听，还用四年时间自学了英文、德文、法文，并发表了十几篇数学论文。25岁时，他已是蜚声国际的青年学者了。

遇到困难和挫折时，勤于自我激励的人，能够奋发向上，自强不息，征服挫折和失败，最终获得成功。而丧失自尊的人，往往自暴自弃、自轻

自贱，首先想到的是自己不行了，从而放弃了努力奋斗。所以，不懂自我激励的人，是不可能在事业上取得成功的，更不可能成为领导者。

自我激励是一个人持续成功的动力，更是一名领导者应该具备的一项能力。

缺少自我激励，人们就容易做出非理性行为。例如，事情若未按预期发展，他们就会感到十分沮丧；希望获得所有人喜爱和称赞的人，遭受批评后，心里会觉得非常难过；他们总在逃避困难，没人要求，就不去解决问题。

懂得自我激励的人，往往不需要用外界的奖励、惩罚作为激励手段，就能为设定的目标努力奋斗。在他们的人生过程里，每天都在进行自我激励。例如，每天说一些让自己快乐的话，激励自己不要悲伤；每天做一些利人的事，激励自己融入团体；每天读一些益智的书，激励自己增长智慧；每天审视道德高尚者的慈像，激励自己增加内心的善美。

可以说，自我激励是孩子领导力培养的必备能力。父母可以从以下方面入手，培养孩子的自我激励能力。

1. 引导孩子学会鼓励自己

父母要告诉孩子，求人不如求己，没有人有义务和责任一直给予你鼓励和支持，重要的是要学会自我激励。这样孩子在没有外人鼓励的前提下，也可以获得很大的进步。

自我激励的步骤如下：

（1）在心里确定你希望拥有的成绩。

（2）明确你将会付出什么努力与多少代价去换取你所需要的成绩。

（3）规定一个固定的日期，一定要在这个日期之前把你定下的目标达成。

（4）拟定一个实现你理想的可行性计划，并立刻执行。你要习惯"行动"，不能够再耽于"空想"。

（5）每天两次，大声朗诵你写下的计划的内容。一次在晚上就寝之前，另一次在早上起床之后。

父母可以将其作为参考，运用到对孩子的教育当中，让孩子读懂这个步骤，在此基础上，制定自己的学习步骤，从而实现自己的理想。

2. 指导孩子确定自己的目标

目标对于孩子的影响是巨大的，决定着孩子的学习态度和学习劲头。善于自我激励的孩子，都是有明确目标的孩子。而只有在目标的引导下，孩子才会为之进行自我激励，朝着自己的目标不断前进。

通常，孩子自己会设定一个目标，但由于年龄的限制，目标会存在不符合实际的情况。父母要根据孩子的情况，帮助孩子设定一个目标。即使孩子的目标很幼稚，也不要对其进行挖苦讽刺，要鼓励孩子说出来，然后帮助孩子分析，引导孩子朝着目标前进。

确定目标时，应以孩子通过努力可以实现为基础，让孩子在追求目标的过程中学会自我激励，最后达到目标。父母要根据孩子的实际情况和兴趣爱好，帮助孩子确立奋斗的目标，鼓励孩子为实现理想而努力。还要帮助孩子树立恰当的小目标，循序渐进，促其实现大目标。实现目标的过程，就是孩子掌握自我激励能力的过程。

3. 让孩子学会积极地去自我暗示

积极地去自我暗示也是一种自我激励，孩子学会了积极地去自我暗示，就会调动自身的各种潜能，朝着既定方向前进。

当孩子在奋斗的过程中遇到困难和挫折的时候，父母要让孩子学会自我暗示："我可以做到。"

当孩子参加长跑时，可以让孩子暗暗对自己说："坚持，胜利就在前面。"

当孩子参加有挑战性的活动时，父母要让孩子学会在心里暗暗地鼓励自己："我可以战胜困难。"

积极去自我暗示会增强孩子的自信心，孩子的心态也会随之平稳，也就更容易成功了。在这样的自我暗示下，孩子会变得坚强和勇敢，能够克服任何困难，也就具备了领导者的特质。

父母还要教给孩子如何自我暗示，比如要用积极的正面的话语："我一定要成功。""我没问题的。"不要让孩子对自己产生怀疑，不要让孩子有"我做不到"的想法。孩子学会积极、正确地去自我暗示后，就会自觉抵制那些消极的坏的影响，最终实现目标和理想。

第四章

品质优秀

——未来领导者都需具备好品质

告诉孩子：诚信的领导者更能赢得成员的
信任和尊敬

作为领导者，一般都希望在他人面前保持尊严，受到他人的尊敬，而要想长期拥有这样的良好声誉，优异的业绩必不可少，但仅仅如此还远远不够。诚信则会为这样的良好声誉保驾护航。

诚信之人不会表里不一，也不会阳奉阴违（虚伪），他是"纯粹完整"的，因为其单一的贯穿始终的品质很容易甄别。这样的领导者从不隐藏，他们的一生就如一本打开的智慧之书，示于众人；他们拥有自己的价值观，能够坦然面对任何人和事，也有清晰的判断标准。

诚信到底代表什么呢？诚信的意思是，说到做到，言行一致。

在团队中，高信任度可以改善所有相关者的沟通、协同、合作、执行、创新、战略、参与、关系等。对于领导者个人而言，高信任度可以使其精神振奋、精力充沛、热情高涨，也可以激发其创造力。

诚实守信是中华民族的传统美德，是一个人应具备的基本道德品质，是优秀领导者立足的基础，秉持诚信的领导者能得到别人的尊重和信任。让孩子做一个诚实守信的人，就能为他领导力的提升打下坚实的基础，让他得到更多的关怀和帮助。

1. 让孩子认识并了解诚实的本质

生活中，经常会发生一些孩子忘记了和别人约好的事情。这类事情的发生，从本质上说并不是孩子不讲诚信，只是因为孩子对这件事情不够重视。因此，父母要引导孩子从日常小事做起，认真践行诚信，做一个诚实守信的人。

父母要告诉孩子，答应别人的事情要尽可能去做，约好的时间一定要准时到，说好的电话一定要打，说好要借的东西一定要借。这些虽然是小事，但优秀的品质就是在小事中慢慢形成的。通过小事的不断积累，可以建立一个人的诚信形象。如果小事都做不好，还有什么信誉可言？

2. 父母要用自己的诚信给孩子做榜样

想让孩子诚实守信、不说谎、不欺骗，那么家长自己先要说话算数。为调动孩子的积极性，或为了求得孩子一时听话，家长向孩子许下承诺却不兑现。这对教育孩子诚实守信是非常不利的。

3. 提醒并引导孩子信守承诺

孩子很容易被其他事情吸引而忘记自己的承诺，或者轻易许下自己并不能履行的承诺。这个时候，父母应该及时提醒孩子，并引导孩子去兑现自己的承诺。这有助于培养孩子诚实守信的品质。

家长一定要注重对孩子健全人格的培养，尽早给孩子树立一个积极正确的价值观，让孩子拥有健全的人格和良好的价值观，因自己的积极形象而感到非常自信。

告诉孩子：关爱团队成员，才能增强他们的归属感

随着时代的发展和竞争的激烈，很多人忙于工作，无暇顾及他人，人与人真心的沟通变得稀缺。其实，每一个人都需要别人的关爱，工作中，领导者的一个问候、一个微笑、一个眼神都可以让成员感动，也只有关爱成员，成员才能从心底里真正拥护领导者，努力付出。

吴起是战国初期一位著名的常胜将军，除了拥有卓越的军事才能，他对将士的关爱也是常胜的重要原因。因为他懂得，当士卒的心归属于他的时候，士卒就会将生死置之度外，奋勇杀敌。

吴起是军队的主将，却跟最下等的士兵穿一样的衣服，吃一样的伙食，睡觉不铺垫褥，行军不乘车骑马，亲自背负着捆扎好的粮食和士兵们同甘共苦。

一次，有个士兵生了恶性毒疮，吴起亲自替他吸吮脓液。这个士兵的母亲听说后，就放声大哭。

有人说："你儿子是个无名小卒，将军却亲自替他吸吮脓液，你怎么还哭呢？"

那位母亲回答说:"不是这样啊!当年吴将军替孩子父亲吸吮毒疮,他在战场上勇往直前,最终死在了战场上。如今吴将军又给我儿子吸吮毒疮,我不知道我儿子又会在什么时候死在什么地方,因此我才哭啊!"

领导者应该走群众路线,贴近团队成员、关心他人。

只要是领导者发自内心的关爱,即使再微不足道,团队成员也会感觉得到;如果领导者只是作秀,即使你做再多的表面文章,也别指望团队成员会对你感恩戴德。

得人心者得天下,领导者与成员的关系是鱼水的关系。因此,一定要在内部搞好关系,增强团队的凝聚力。

日常的工作中,真心诚意地关爱团队成员,不但体现了领导者的胸怀,还突出了人世间至纯至真的真情所在。

在细节上关心成员,勤于在细小的事情上与成员沟通感情,让成员感受到温情,是领导者不可忽视的重要事项。因为温情可以孕育出强大的力量,将个体的命运与团体的命运紧密地连在一起,产生巨大的合力,战胜任何困难。

青少年的道德行为习惯的发展,开始时具有自觉性和稳定性,这一时期是培养道德行为习惯的关键期。在这个阶段培养孩子关爱他人的品质,有助于孩子领导力的形成和与人交往能力的提升。

1. 帮助孩子树立角色意识、建立责任心

家长要帮助孩子分析其在家庭、学校、社会中扮演的角色,让孩子清楚自己的角色定位和承担的责任。

在家庭中，孩子是家里的重要成员，是爸爸妈妈的孩子，也是爸爸妈妈的小助手；在学校里，孩子是班里的成员，是集体的一员，是其他成员的同学和朋友，有共同促进班级进步的责任；在社会中，孩子扮演着建设美好未来的重要角色，是未来建设美好社会的栋梁。

日常生活中，家长应该有意识地要求孩子学会关心、帮助他人。在家里，要让孩子理解家长的辛苦和付出。如让孩子帮家长做一些力所能及的家务事，帮助爸爸妈妈照顾爷爷奶奶等长辈，让孩子在做这些小事的过程中会体会到父母的辛苦和付出。

家庭层面责任心的确立，有助于培养孩子在学校里更好地关爱和帮助同学的意识，理解老师的辛苦和付出，也有助于培养孩子的社会责任心，学会关爱他人。

2. 教给孩子关爱他人的方法

很多孩子有关爱他人的意识，但不知何时及该如何表达，家长应指导孩子学习一些关爱他人的方法。例如，爷爷的腿脚不好，在爷爷出门时让孩子给爷爷递上拐杖；爸爸辛苦一天下班后，让孩子给爸爸递上拖鞋。

让孩子在日常生活中学会观察，把他人看在眼里，放在心上；让孩子学会了解别人的需要，知道别人是否需要帮助，从而及时地伸出援助之手。

3. 让孩子多参加集体活动

参加集体活动可以培养孩子的集体荣誉感，让孩子在集体、同伴中感受他人的需要，增强孩子关爱、帮助他人之心。

家里组织活动时，要让孩子积极参与组织，准备活动时用的东西，让孩子了解活动时家人的需要；在学校里，如果孩子有能力，鼓励孩子参加班干部和课代表的竞选，锻炼孩子为人处世的能力，让孩子学会交往，学会与人沟通，了解不同人的需要，促进孩子的全面发展。

如果有条件，让孩子在节假日积极参加社会活动。例如，集体植树活动，让孩子在各种集体活动中感受他人的需要，增强爱心，学会关爱他人。

告诉孩子：善于决断的领导者才是未来需要的人

在团队管理中，领导者常常需要做出决策，但很多领导者总希望等事情明朗化了再做决定，或在面临很多选择时，犹豫不决，不敢拍板，这就体现出其决断能力欠缺。

决断力，是人们对事物发生发展的分析、判断及处理的能力，涉及很多能力。例如，对事情准确的判断力，是否有勇气去承担决断后的抗挫折能力等。

《亮剑》以恢宏的战斗场面、扣人心弦的故事情节吸引了不少电视观众，特别是独具个性的八路军新一团团长、独立团团长李云龙，给人们留下了深刻的印象。

新一团的正面之敌为坂田联队，号称"日军的精锐部队"，与386旅多次交手，其战斗力非常彪悍；另外，楚云飞与参谋长的对话，也反映了新一团面临的压力之大。

此时，新一团仅有1000余人，坂田联队是正规的野战联队，人数有3000余人，双方的数量之比为1∶3，无论是人数，还是武器装备，甚至是战斗力，新一团明显处于劣势。

谁都看得出来，这是一场硬仗。李云龙是如何抉择的？他密切关注与其责任范围有关的各类信息，包括外部信息和组织内的信息。全团，甚至全旅都被精锐日军团团包围，必须做出突围的决定，那么突围方向在哪里和如何突围呢？

李云龙敏锐地捕捉到日军远处的帐篷和发报用的天线，果断判断出日军指挥部之所在；同时，新一团拥有其他团所不可比拟的装备，尤其是神炮手柱子，更是他进行决策的重要支撑。

面对强大的敌人，做出撤退之策，会面临对方迅猛压上被追着打的可能，李云龙喊出："老子打的就是精锐。"不仅鼓舞了士气，更打蒙了坂田联队。

一个称职的领导者，应当具备的基本领导能力就是判断力和决断力。对杂乱无章的信息能理出头绪，对七嘴八舌的议论能厘清思路。讨论问题时不能含含糊糊、模棱两可，而应当有一个明白的说法和鲜明的倾向。

决策在管理学上的定义是指领导者识别问题、解决问题，以及利用机会的过程。换言之，决策是一个过程，决策本身不是问题，是为了解决问题或利用机会的过程。

优秀领导者做出决策时，绝不会拖泥带水、久拖不决，会明确发出"行还是不行""干还是不干"的指令。在提高判断力和决断力上，领导者追求的目标就是当机立断。

决断力是自我管理和决策时的一种重要能力。每个领导者、每个成功者都需要决断力，甚至包括普通人，想要改变优柔寡断的性格，也要充分打造属于自己的决断力。从小培养孩子的决断力，在他们长大以后就能更加高效地工作，拥有先人一步的决策能力。

1. 给孩子选择的权利

提问，是训练决策力最基本、最简单的方式。通过提问，在一定范围内，给孩子尽可能多的机会进行自主选择。例如，和孩子一起讨论他的日程时，你可以这样询问孩子：

"今天想去海洋世界，还是动物园？"

"晚饭就在外面吃吧，你想吃什么？火锅，还是自助，抑或冒菜？"

"爸爸不喜欢吃羊肉，有没有办法让大家都满意？"

"今天晚餐后，你想做什么运动？"

……

给孩子选择的权利，是把孩子当成自主的个体，有助于提高孩子的决断能力。

2. 培养孩子思考的习惯

当孩子有了更强的表达能力和思考能力之后，可以在提问之余引导孩子进一步思考一些问题。例如，"你为什么选择这样做?""还有更好的办法吗?"……

父母可以引导孩子对做过的决定进行回忆和反思。为了培养孩子思考的习惯，并有意识地对自己的决定进行反思和评价，可以将这种思考延伸至生活的方方面面，如兴趣爱好、社交技巧等。

这种反思可以让孩子主动将自己的选择和事情的发展联系起来，对自己采取的策略和对事情的发展、结果进行分析，从而更加了解自己所做决定的优点和不足，为下一次决定提供经验参考。

3. 帮助孩子形成自己的见解

培养孩子的决断能力，需要孩子有自己的见解，并能当机立断做出选择。

平时生活中，家长应该培养孩子关注和思考热门事件的习惯，就一些争议问题和孩子进行讨论，让孩子形成自己的见解、对事物有自己的判断力。

另外，可多尝试玩一些有规则和多步骤的游戏，如走迷宫、棋盘、纸牌等，通过遵守一定的游戏规则，让孩子自主决定每个步骤，逐步培养孩子的决断能力和做事果断的风格。

告诉孩子：具备卓越的创新能力，
才能应对未来的挑战

要想提高创新思维能力，就要保持锐意创新的勇气、敢为人先的锐气、蓬勃向上的朝气，打破迷信经验、迷信本本、迷信权威的惯性思维，摒弃不合时宜的旧思想、旧观念，以思想认识的新飞跃打开工作的新局面。而这些也是领导者应该具备的能力。

中国许多民营企业很难做大做强，其中，除了市场外部环境影响，市场机制不健全、企业内部出现问题，以及领导者全局把控能力受到制约等也是企业无法与时俱进的原因。

作为一家知名的大型企业，万达集团的发展经验值得很多企业借鉴，王健林曾分享过自己的创业心得，其中涵盖了他的做人之道、生意之道、企业发展之道。他说，一个优秀的企业家，必须有创新精神，不敢创新改革，就不可能成功。比如创业可能 100 个人中有 90 个失败，但是总有几个人会成功，现在的问题是大家不敢去创业，创业的人越来越少，创业的氛围也就会越来越差。王健林的敢闯敢试、创新求变及强大的执行力，铸就了万达集团今日的辉煌。

王健林敢于走别人未走过的路，敢想别人没想过的事情，就是创新带来的竞争优势，同时也带来了企业的超速发展。

所谓创新，就是创造出全新的事物，是无中生有的过程，也包括思想、产品、艺术、制度等。世间所有的事物，皆是因一些相关条件而组合在一起的。任何事物都不是独立存在的，也不可能是永恒不变的。创新的起点是将事物的组合颠倒来看，再将这些组成部分移除、增加或者重新组合。

在生活中，我们熟悉现有事物，并擅长使用现有事物，而常忽略这些事物是如何来的。而创新力要求我们颠倒思维：从常见的是什么——如何用；变成是什么——如何来。拥有创新力的领导者，不仅想要了解事物的表象，更会透过表象看到事物是以一种什么样的方式聚合在一起的。

创新力是优秀领导者的必备品质，传统普通领导者与现代优秀领导者的最大差别就是创新力。普通领导者只是机械地完成上级下达的工作任务，而优秀的领导者在完成上级下达的工作任务的同时，还会站在岗位的角度、部门的角度、公司的角度去改善绩效目标、提高效率。

领导者唯有拥有创新意识，掌握创新工具和方法，并在管理过程中不断去实践、去应用，同时带领成员去不断完善，才能取得更完美的业绩表现，才会具有强大的竞争力和持续发展的能力。

思维可以分为常规性思维和创新性思维两种。常规性思维一般是按照一定的固有思路进行的思维活动，这样的思维方式缺乏灵活性。创新性思维的核心是勇于突破，而不是过去的再现或重复。优秀的领导者无不具有较强的创新思维。

对于孩子来说，创新力的高低，直接影响其在同龄人中的表现，更决定着他们领导力的强弱。因此家长要多培养孩子在学习生活中的创新力，让孩子摆脱惯性思维。

那么，孩子的创新力该如何培养呢？

1. 抛开惯性思维

抛开惯性思维对于大人来说，可能不是一件容易的事，但是对于青少年来说却不太难。青少年拥有非常丰富的想象力，面对同一件事情，往往会有许多千奇百怪的想法，给出很多让人惊奇的回答，家长要做的是：不要否定他们的想法，不要刻意在某一问题上让他们按照大众标准去回答。

2. 鼓励孩子多问为什么

孩子的好奇心都很强，遇见不懂的东西就喜欢问为什么。面对孩子的"十万个为什么"，家长敷衍回答，甚至不耐烦，会打击孩子的积极性和求知欲。久而久之，孩子就会变得不爱提问，孩子的创新力就会慢慢落后于其他同龄人。因此，要想提高孩子的创新力，面对孩子的问题，家长要正确引导，耐心作答，让孩子时刻保持探索求知的欲望。

3. 让孩子学会自己寻找答案

孩子年龄小，容易受到书本知识和大人想法的影响，对书本上的内容及大人的回答等不会提出疑问。要想改变这种情况，家长可以引导孩子不局限于固定思维，鼓励他们主动去寻找问题的答案，创造更多的可能性。

教会孩子先观察再学习，在观察探索的同时，引导孩子进行条理分析，最终确认答案。还可以通过实践方式，让孩子在实践中去寻找答案，发挥孩子的主观能动性，让他们在自己动手操作的过程中找到相应的答案，这种方式通常能给他们留下更深刻的印象。

告诉孩子：包容他人，方可赢得成员的尊重

领导者要想赢得成员的尊重和信任，关键是拥有包容心。也就是说，不仅能容得下自己，也要容得下别人；不仅能容得下比自己强的人，还要容得下比自己弱的人。团队中，每个人都有各种各样的缺点和毛病，作为领导者，要容忍成员的缺点和毛病，帮助他们成长。

齐襄公在位时，齐国政局混乱，加上齐襄公多次残害大臣，他的弟弟公子纠和公子小白分别跑到鲁国和莒（jǔ）国避难。齐襄公众叛亲离，最后被公孙无知杀死，后来公孙无知又被齐国大臣杀死，一时之间，齐国群龙无首。

公子纠和公子小白得到了这个消息，他们知道两人谁先赶回齐国，谁就是齐国的国君。于是，鲁国立刻派兵护送公子纠回齐国，同时派管仲带兵拦截公子小白。在莒国通往齐国的路上，管仲成功地拦截住了公子小

白，一箭射中了公子小白的带钩，公子小白大叫一声倒地诈死。管仲以为公子小白死了，便立刻回去复命。

公子纠听到公子小白已死，就放慢了脚步。结果，在师父鲍叔牙的保护下，公子小白日夜兼程地赶回齐国，被齐国大臣拥立为国君，这就是赫赫有名的齐桓公。

公子纠带人赶到齐国边境，听说公子小白已经成为齐国国君，便带领鲁军进攻齐国，打算夺位，结果被齐桓公打败。鲍叔牙向鲁国提出，要杀掉公子纠，将公子纠的另一位老师召忽和管仲一起送到齐国，让齐桓公亲自解决他们的要求。如果不答应，就发兵进攻鲁国。

鲁国担心齐国攻打过来，就按鲍叔牙的要求杀了公子纠，之后召忽也自杀了。这时，为了报一箭之仇，齐桓公打算杀掉管仲，鲍叔牙却不同意，他对齐桓公说："如果你只是想治理好齐国，用我就足够。但如果你想雄霸天下，就必须重用管仲。管仲有雄才，他到哪个国家，哪个国家就会强盛，我们不能失去他。"

齐桓公听了他的话，决定放弃个人恩怨，任用管仲。他派使者催促鲁国尽快把管仲送到齐国。管仲被押到齐国后，齐桓公亲自带人迎接他，邀请他帮助自己治理齐国。管仲提出对内改革内政，对外"尊王攘（rǎng）夷"。齐桓公听了他的话非常高兴，便任命管仲为齐国国相。

管仲也没有辜负齐桓公的信任，在他的辅佐下，国力很快增强，一步一步走上了雄霸之路。齐桓公最终"一匡天下，九合诸侯"，成为春秋时期第一个霸主。

齐桓公能够摒弃前嫌，任用管仲，值得每个领导者学习。事实也证明，他的决定非常正确，管仲帮助他登上了霸主之位。

在不善包容的领导者面前，成员一般都没有机会说出自己的见解，一看形势不对，嗫嚅着就不敢往下说了，过分强势成了领导者听到真话的最大屏障。还有些领导者，听到不同的意见时，会不耐烦，快速打断，说"我知道了，不用再说了"。这样的场景多了，成员即使有想法，也会自动打消说出的念头，因为他发现，领导根本不想听。

能包容他人的领导者，有开阔的眼界，宽广的胸怀。他们能用宽容的眼光去看待每一个成员，并不会问责某个成员，把责任推卸到对方身上。优秀领导者宽容地对待成员，成员才会宽容地对待领导者。

包容度高的领导者，通常会鼓励成员说出自己的想法，认真倾听，听到全部的事实，听清楚成员自身怀有的情绪，听明白成员的意图，掌握这件事的内核和本质。

从包容的角度来看，用心地倾听，是最好的鼓励，让成员讲出自己的想法，体现了参与意识；同时，这也是一种持续的行为强化，领导者能够听到不同的声音，吸收到各类信息，做出综合性的判断。

包容度高的领导者的特质主要有以下几个，青少年也可以侧重从这几方面进行提高自己的包容度。

1. 良好的沟通

领导者如果包容心强，就知道如何进行良好的沟通。他们能清楚地表达，并确保所有的指示都被理解。他们可以仔细地选择措辞，不会说任何可能被视为冒犯或不恰当的话。

2. 同理心

心态宽容的领导者，了解成员来自哪里及他们经历了什么，会设身处地地为成员着想。他们知道每个成员都有不同的经历，这些经历形成了成员的个性、信仰和观点。他们不会根据外表来判断成员的能力，而会根据成员的能力将其纳入重要的任务和决策中。

3. 有文化智慧

多元化和包容性的工作场所，会给人带来不同的文化熏陶。优秀领导者会了解不同的文化，理解许多不同的背景。他们可以更好地与团队成员进行跨文化沟通，并知道如何解决工作中遇到的冲突和问题，还能在需要时转变为调解员。

4. 团队合作者

包容他人的领导者，能够与每个人融洽相处。他们关注团队的最终目标，并确保所有团队成员都了解团队正在努力的方向。他们是团队的核心，可以促进团队的凝聚力和团结性，作为回报，他们也能得到成员的通力合作。在他们的带领下，团队是一个整体，能让成员为了团队的利益放弃个人的想法和观点。

5. 开放的心态

领导者需要包容心，对新想法和概念保持开放的心态，不会驳回团队成员新的想法，在做出最终决定之前会考虑一切利弊。他们能意识到无意识的偏见及可能存在的盲点，鼓励其他人表达自己的意见。

6. 懂得倾听

包容度高的领导者愿意花时间倾听成员的意见。如果领导者只告诉成员该做什么，成员就不会觉得他们参与了对话。包容度高的领导者会关注成员，并倾听他们的想法，鼓励成员主动说出来。

7. 谦逊

包容度高的领导者的关键特质之一是谦逊。他们不怕在别人面前表现出脆弱，更敢于承认自己不会总将事情做好。

与不同的人群互动并不是一帆风顺的，人们可能会有负面反应或不时说错话。包容度高的领导者对自己的错误持开放态度，发生错误时敢于承认，并承诺以后改正。他们并不凌驾于其他人之上，而是态度谦虚，更容易接近。

第五章

酷爱学习

—— 学习力是未来领导者应具备的核心能力

启发孩子：优秀的领导者都会持续学习，
不断增长见识

不断地学习是优秀领导者的必备条件。因为只有不断地学习，才能不断地进步，才能一步步地接近成功。因此，要想提高孩子的领导力，就要鼓励他们不断学习新知识，有向成功人士和杰出同行学习的肚量，正确地评估自己的目标和能力，然后进行模仿、运用和调适。

在管理中，评价一个人是在吃"老本"，就是说领导者完全采用自己过去的能力或工作经验去面对新的工作。不是说他做事不尽心尽力，而是他在使用自己过去的能力、技能、经验，在固有的思维模式下做事，至于这些思维合不合适，方法能不能解决眼前的问题，技能是否适宜当下的工作，他并不考虑，他只会这么做；让他尝试新的思维、方法、能力和技能，他要么回答"不会"，要么直接向你诉苦。这样的行为，必然毫无创新，暮气沉沉，让团队丧失了提升的空间。

人生总是充满不确定性，被时代抛弃的不是努力的人，而是永远不愿意接受改变、没有长远认知、停止学习的人。在这个充满竞争的时代，唯有提升自己的学习力，永远接受新事物，保持新思维，不断学习，才能在激烈的竞争中站稳脚跟，为自己拼得一席之地。

优秀的领导者都是善于学习的人。这种学习过程是持续不断的，是自我约束和坚持不懈的结果。每一天的目标都必须是在前一天的基础上有所进步，比前一天做得更好。

在实际的社会工作中，优秀领导者不仅具备书本上的知识，更掌握着社会知识、人际交往和变通的能力。当然，对于领导者而言，学习力是指广义的学习力，而不是"死读书"。因此，想要成为优秀的领导者，拥有学习力是关键。

孩子的成绩和学习能力直接关系到他们未来的发展。那么，如何提升孩子的学习力呢？

1. 培养孩子的学习兴趣

兴趣是最好的老师。只有对学习感兴趣，孩子才会主动投入学习中。因此，家长要尽量激发孩子的学习兴趣，让他们在学习中发现乐趣。

（1）了解孩子的兴趣爱好，尊重和支持他们的选择。每个孩子都有自己的特长和兴趣，家长应该尊重孩子的选择，鼓励他们在自己喜欢的领域发展。

（2）创设良好的学习环境。为孩子营造一个安静、舒适的学习空间，让他们专心地投入学习中去。

（3）利用课余时间进行多样化的活动。让孩子参加一些兴趣班或社团活动，拓宽他们的视野，丰富他们的课外生活。

2. 提高孩子的自主学习能力

自主学习是提高学习力的关键，家长要教会孩子如何制订学习计划，培养他们的自主学习能力。

（1）教会孩子如何制订合理的学习计划。根据孩子的实际情况，制订合适的学习目标和计划，确保孩子在有限的时间内完成任务。

（2）培养孩子的时间管理能力。教育孩子合理安排时间，充分利用碎片时间进行学习，提高学习效率。

（3）鼓励孩子进行自我评价和反思。让孩子学会总结自己的学习经验，找出自己的不足，不断提高自己。

3. 增强孩子的学习动力

学习动力是推动孩子不断前进的内在动力，家长要关注孩子的内心需求，激发他们的学习动力。

（1）树立正确的价值观。引导孩子树立正确的世界观、人生观、价值观，让他们明白学习的重要性和意义。

（2）设立合理的奖励机制。为孩子设立一些小奖励，激发他们的学习积极性。例如，当孩子取得一定的学习成绩时，家长应给予适当的表扬和物质奖励。

（3）关注孩子的心理健康。及时发现孩子的心理问题，帮助他们解决困扰，让他们以良好的心态投入学习中去。

启发孩子：优秀的领导者都会养成良好的习惯

有人说，养成一个好习惯，就是在每天微调自己的人生。还有人说，我们的一生，不过是无数习惯的总和。

家长要告诉孩子：想要成为一名优秀的领导者，至少应当努力养成以下良好习惯。

1. 乐观自信

乐观与自信是一对孪生兄弟，都是成功者必备的重要品质。乐观，就是遇到困难挫折，不畏惧、不逃避，以积极的心态去面对；自信，是发自内心的自我肯定。作为领导者，乐观自信就像旗帜和风向标，具有强大的示范引领作用和感染力。

（1）坚定理想信念。理想信念是领导者精神上的"钙"，没有理想信念或理想信念不坚定，精神上就会"缺钙"，就会得"软骨病"，自然也就谈不上乐观自信了。在学习和生活中，要让孩子做到乐观自信，不为眼前的困难和问题所吓倒，不在纷繁的世界中迷失，就要坚定理想信念。

（2）练就过硬实力。乐观自信是建立在一定实力基础上的。只有拥有了过硬的软实力和硬实力，能力素质足够强大，才能做到乐观自信。因此，要不断提高孩子的专业能力和管理能力，鼓励他们提高驾驭复杂局面的能力，让他们有本事、有实力，为乐观自信打下坚实的基础。

（3）看清发展趋势。引导孩子看清历史方向，把握时代脉搏，提高辨别力和判断力，一切尽在掌握中，孩子就能乐观自信很多。

2. 珍惜时间

人与人的差异关键在于对时间的态度。事实上，善于珍惜时间、抓住时间、充分利用时间创造效益的领导者，才是优秀的领导者。

（1）科学管理时间。引导孩子学会科学管理时间，要分清轻重缓急，让孩子把有限的时间用在刀刃上。同时，让孩子学会统筹兼顾，提高执行力。例如，急事缓办、缓事急办，避免把急事办砸、缓事拖炸。

（2）利用碎片化时间。鲁迅先生说过，时间就像海绵里的水，只要愿挤，总还是有的。要让孩子学会利用碎片化时间去学习或做事，长期坚持下去，就能获益良多。

（3）立刻做，不拖延。要让孩子保持"时不我待、只争朝夕"的高效作风，引导他们树立强烈的时间观念和效益观念，强化"立刻行动、现在就做、马上就办"的理念，日清月结，不拖延，保持快节奏，追求高效率。

（4）减少无效社交活动。与其花太多时间在无效社交上，不如静下心来读书，既有利于身心健康，又能增长才干。要告诉孩子，被一些无效社交缠身，只会浪费时间，耽误学习或做事，败坏风气，损害形象。

3. 合作共进

合作共进是一切事业成功的基础，不仅是一种解决问题的方法，也是一种道德品质，更是一种良好的习惯，体现了人们的集体智慧。因此，要引导孩子学会合作共进。

（1）民主集中。要让孩子加强自身修养，培养宽广胸襟，处理好服从"多数"与尊重"少数"的关系，处理好集体领导与个人分工的关系，集思广益，既不能一个人说了算，也不能谁说了都算。

（2）沟通协调。引导孩子学会沟通协调艺术。例如，向上沟通要及时，该请示的请示，该报告的报告，既要提出问题，还要给出意见和建议，上级决定的事项要全力落实；沟通要真诚，互相尊重，换位思考，积极配合，不设障碍。向下要体谅他人，不能蛮横霸道，颐指气使；要了解成员的优点和长处，关心关爱成员，增强亲和力与凝聚力。

（3）补台补位。让孩子做到放权、放手、放心，善于整合力量、凝聚人心；做到揽事不争权，尽职不争功，行权不越权，到位不越位，服从不盲从，补台不拆台。上下级之间要相互尊重，相互支持，积极合作，做到分工不分家。

3. 审慎笃实

审慎，就是周密而慎重，是指对外界事物或自己的言行要密切注意，强调言语的恰当、行为的正确，遇事考虑周全，不轻率、不盲动。笃实，就是做人要忠诚老实，不空谈、不虚夸，做事脚踏实地，勤勤恳恳，久久为功。审慎是做好事情的基础，笃实是做好事情的关键。

（1）高标准严要求。要告诉孩子：做任何事情都不能有"差不多"的心态，要高标准严要求，紧紧盯住"最完美"。要把一件事做到极致，把"高标准严要求"贯穿于全过程，避免发生差错，自觉杜绝"差不多"，追求"最完美"。

（2）下决心远离浮躁。要让孩子远离浮躁，凡事既要尽最大的努力，又要平静地接受结果；要有清醒的自我认知，不能听了几句表扬话就飘飘然、自以为是。同时，要引导孩子乐观地面对困难，主动地迎接挑战，不怕误解和委屈，放平心态，培养坚韧的心理素质。

（3）真抓实干。要让孩子在团队中主动作为、积极作为，带头真抓实干，迎难而上，狠抓落实，发扬"钉子精神"，坚持眼睛向下看，身子往下沉。

4. 学以致用

学习是为了更好地指导实践，而实践反过来又可以验证学习成效，领导者要"不患无位，患所以立"。

（1）提高专业化能力。专业化是指要精通本职工作，具有专业方法、专业技能、专业素养，努力成为行家里手。要让孩子主动学习，向书本学习、向专业人士学习、向实践学习，使学习成为愉悦身心的爱好和习惯，使知识结构从粗放型向精专型转变，成为一名优秀的行家里手。

（2）完善知识结构。要鼓励孩子更加认真、全面、深刻地学习，形成

"T"字形知识结构，即横向知识面拓展要宽，纵向业务知识钻研要深，在"高、广、速"上下功夫。

（3）做到知行合一。要让孩子以"知"促"行"，鼓励他们乐于学习、善于学习、勤于学习；以"行"促"知"，不断丰富知识，总结经验、累积做法。知行合一，就是知即行，即知即改，知中有行、行中有知、知行相促，做知行合一的表率。

启发孩子：优秀的领导者都会在团队学习中合作共进，彼此赋能

每个人都有优缺点，优秀的团队领导者要因人而异，要发扬每个人的优点，把任务分配给合适的人。优秀领导者都能在团队学习中合作共进，彼此赋能。

李凤和刘丽是好朋友，也是学习上的好搭档。李凤最擅长的学科是英语，较为薄弱的学科是语文；而刘丽最擅长的学科是语文，较为薄弱的学科是英语，两人正好形成互补。

说起两人的认识还比较有意思。当时班里组织学习小组，以两个人为单位，既可以自由组合，也可以让老师撮合，原则是互帮互助，共同进步。

李凤平时比较清高，自以为了不起，当老师说要组织学习小组的时候，她不屑地笑了。刘丽来到她身边，友好且真诚地说："你好，我是刘丽，我可以和你成为一组吗？我知道你的英语成绩很好，我希望在这方面的学习可以向你请教。"

李凤不屑地说："我的语文可不需要帮助。"

刘丽真诚地说："我只是希望你能帮助我学习英语，好吗？"

看着刘丽真诚的眼神，李凤没办法拒绝。

于是，两人组成了学习小组。

刚开始李凤拉不下面子向刘丽请教语文方面的问题，而刘丽自然明白其中的原因，虚心向李凤请教英语方面的问题，不懂就问。时间一长，两人结下了深厚的友谊，她们的学习也共同进步了。

学习中的合作，会让合作的双方都取得优异的成绩。

在思考如何去学习的时候，不如去学习正确的学习方法，学会合作，以取长补短的方式来获得双赢。

合作是成功者必备的一种能力，要引导孩子逐渐培养自己这方面的习惯，拥有合作的能力。或许，许多青少年对于"合作"只是有模糊的认识，更多时候是把这个词语用在参加集体活动中，还没有意识到可以用到学习中来。因此，在学习过程中，更要注重虚心请教、取长补短，求取共同的进步。

1. 学会合作

如果孩子某个科目的成绩不好，可以让他在班里结识那种与自己可以配成学习小组的同学，早一天意识到合作带来的成效，就会早一天从合作中受益。而且，合作不仅体现在学习上，还体现在其他方面，学会合作，既可以让孩子获得学习上的双赢，还会让孩子在未来的人生中受益。

2. 明白合作的重要性

在学校里，各方面都优秀的学生毕竟是少数，多数学生都会出现学习成绩不平衡的情况。这时候，就要想办法来提高孩子的学习成绩，在既不用请家教，也不用父母帮助的情况下，要鼓励孩子跟班里优秀的学生合作，以同学之长补自己之短，感受合作带来的强大力量，实现双赢。这就体现了合作的重要性，即使孩子以后在学习上遇到了困难，也会以合作的方式来达到双赢。

3. 引导孩子发现"差生"身上的优点

每个孩子都有优点，要鼓励孩子发现别人身上的优势，取长补短，成为更好的自己。

成绩不好的孩子确实有很多缺点，但并不是孩子自己主观上愿意有这些缺点，而是他们没有受到良好的教育培养，也可能是受到父母坏习惯的影响，没有树立正确的人生观和价值观，无法认知和辨别错误，只能被动地养成那些坏习惯。因此，要想让孩子跟"差生"合作，就要鼓励他发现"差生"身上的优点。其实，向孩子解释"差生"之所以有缺点的原因时，也是一个增强孩子的认知和辨别是非的好机会。

启发孩子：优秀的领导者都懂资源整合，了解借力的妙用

有人说："强者努力，智者借力。"

强者自身的能力突出，因此会更加依赖自己的能力；智者则不然，虽然自身的能力弱，但他们善于借力，因此更容易获得成功。

善于借力的领导者，往往能够取得更加突出的成就。因为他们不局限于自己的能力，而是善于发现更多有能力的人，并且发挥、利用他们的长处。

《三国演义》中写了一个著名的借力的故事。周瑜对诸葛亮说："3 天之内，给我打造 10 万支箭。"虽然这个任务根本不可能完成，但是诸葛亮却满口答应。因为他认为，虽然自己打造不出，但可以借！

在一个大雾蒙蒙的早上，诸葛亮和鲁肃乘坐扎满了稻草人的船只，佯装攻打曹营的样子。曹操听说孙刘联军向己方攻来，便命令所有的弓箭手万箭齐发，结果箭一支支地射到了船上的稻草人上。不到一个时辰，诸葛亮就收到了曹操送来的 10 多万支箭。

　　善于借力是优秀的领导者把握机遇的关键，也是他们最终取得成功的重要原因之一。很多优秀的领导者之所以成功，与会借"东风"密不可分。"东风"使他们得到了机会，助他们快速成长。

　　资源是有限的，我们要用有限的资源去创造无限的价值。而整合资源，合理运用资源就是我们所说的借力。

　　借力，不仅是一种能力，也是一种勇气和一种智慧。从古到今，个人能力强的人不是赚钱最多的，最努力的人也不是最成功的，有的人智商平平，运气也不是很好，资源还短缺，但是却能成为优秀的领导者，为什么呢？因为他们领悟到了借力的重要性，学会了借力的方法，掌握了借力的技巧，知道怎么整合团队的各种资源。他们都是借力的高手！

　　每个人都有走向成功的可能，能够通过借力将可能变成现实才是成为优秀领导的关键。那么，如何引导孩子学会借力呢？可以从什么地方借力呢？

1. 向父母借力

　　孩子在与父母的相处过程中，通过父母的言传身教，能学习到生活经验，学会待客礼仪，学会与人相处，学会如何生活，学会怎么挑菜、择菜、做饭，学会怎么做家务，学会如何利用时间多做事情……

　　掌握了这些生活常识，在日后生活中，孩子就会无忧，能够妥善地处理好自己生活中的方方面面；让孩子知礼仪、懂进退，知道如何跟他人沟通是有礼貌的、正确的，就不会任性妄为到得罪身边的伙伴、同学、老师和长辈还不自知。因为这个世界上，只有父母是最无私、最愿意全心全意帮助孩子的人。

2. 跟老师借力

在学校，孩子要认真听老师总结知识点，同时，也要听老师讲其他优秀学生是如何学习的，老师是怎样向学生传授学习方法的。这些都是老师的经验，值得孩子学习。

3. 从书本当中借力

读书能够让孩子获得成长，孩子可以借书当中新奇的体验，借作者的思想、眼界、知识结构、创造力和想象力……学到知识作者独特的思维方式，充盈自己的头脑，建立多元思维模型，改变自己的认知。如此可以给孩子更多的自由，让孩子选择更适合自己的那部分知识。

4. 让孩子去大自然中借力

可以让孩子去大自然中借力。自然界里风的吹动、云的变幻、树木的成长、花朵的绽放……即使一群小小的蚂蚁，也在向我们展示团结的力量；一棵微弱的小草，也有向上生长的倔强……世间万物，都有值得孩子俯下身去观察和学习的东西。

启发孩子：优秀的领导者都会学以致用，积极创新

宋代大诗人陆游有一句千古名言："纸上得来终觉浅，绝知此事要躬行。"说的就是学以致用的重要性。正所谓"学而不能行谓之病。""不闻不若闻之，闻之不若见之，见之不若知之，知之不若行之。"只学不用，犹如纸上谈兵，纵然胸中有千军万马，锦囊妙计，却没有付诸实践，那么一切都将毫无意义。而优秀的领导者，都懂得学以致用。

我国著名科学家、中国计算机汉字激光照排技术创始人王选认为，只要能够将知识装满"脑袋"，通过实践，最终也会装满"口袋"。

当王选院士的激光照排系统被广泛应用时，起步于中关村的电脑公司方正也摇身一变，成为一家极具发展前景的高科技公司，而王选也由北大教授变身为方正的"企业管理者"。完全不同的两个角色，对个人素质的要求也不同，王选清楚地知道，自己必须接受更加严峻的考验。

1982 年，一位领导告诉王选，很多高校的科研成果都只是为了献礼、评奖、评职称，很多部门担心激光照排系统的原理性样机不能继续改进并投入使用。王选立刻回答说："如果只是为了报专利、评职称，目的早就达到了。从一开始，我们就是想让中国甩掉铅字。"

在北大，像王选这样根据市场需求来确立自己研究方向的人，少之又少。而王选对学生的要求是，顶天立地，技术要流，同时做出来的东西要实用。在确定科研课题前，王选都会花大量时间考虑：这个技术演化下去会变成什么样的产品，在市场上会有什么反应；现在市场上需要什么产品，我们的技术能不能演化过去，以市场驱动和技术驱动进行双向思维。

现实中，聪明的人有很多，而具有市场头脑的人却很少，懂得学以致用的人更是少之又少。王选院士的最大贡献是将先进的科学知识转化为巨大的生产力。

优秀领导者都不会"两耳不闻窗外事，一心只读圣贤书"，他们会从书本中走出来，用学到的知识去解决现实中遇到的问题。学的目的是用，他们都养成了学用结合的习惯，能够更好地发挥知识的作用；他们会坚持活学活用的原则，不死搬教条，更不会墨守成规。

优秀的领导者，不会放弃任何有助于提升自己的学习机会，并将自己所学迅速应用到工作中，在实践中去验证，在实践中去成长，真正做到学以致用，学用相长。

将知识运用于具体实践中，才能将知识转化为财富，才能发挥出知识的巨大作用，这也是优秀的领导者应该具备的一项能力。要想培养孩子的领导力，就要让孩子懂得学以致用的重要性。

1. 引导孩子用学过的知识解释生活中的常见现象

如果孩子能用学过的知识解释生活中的现象，就证明他会应用这个知识。家长可以对孩子进行这样的启发：

下雨了，妈妈问孩子："你知道为什么我们总是先看到闪电，再听到雷声吗？"

孩子以为这是一个很高深的科学知识，张口就来："不知道。"

妈妈说："你看，我们看到的闪电是光，听到的雷声是声音，对不对？"

孩子说："是啊，可我还是不知道为什么。"

妈妈又问："那你有没有学过，光和声音，谁跑得快？"

孩子忽然想到，在物理课上，他们学过光和声音在空气中传播速度不一样，恍然大悟地说："我知道啦！其实两朵乌云在天上相撞的时候，会同时产生光和声音，只不过光的传播速度比声音快，所以我们会先看到闪电，后听到雷声！"

在生活中，家长也可以引导孩子思考。例如，为什么相机支架是三条腿，为什么所有的车轮都是圆的等。让孩子解释这些常见的现象，就能引导他们把一个个死的知识点真正应用起来，深刻理解并记住这些知识。

2. 让孩子用学过的知识，解决现实生活中的问题

"双十一"来临，商家贴出了各种游戏规则，王女士实在是不知道，怎么凑单才能最省钱。结果，儿子用自己所学的数学公式进行计算，帮她找到了一个最省钱的方法。

可见，家长完全可以给孩子创造机会，让他们用自己所学的知识，解

决生活中的实际问题。例如，出国旅游时，让孩子问路、点菜、跟酒店服务员沟通等，孩子就能使用英语课堂上所学的口语知识；逢年过节，让孩子创作一些祝福短信，发给亲戚朋友，他就能运用学过的各种文字知识。

第六章

角色认同

——新思维未来领导者扮演着不同的角色

让孩子知道：善于思考，喜欢谋划，未来领导者都是思考者

思考力是人脑对客观事物间接的、概括的反应能力。人们学会观察事物后，就能逐渐把不同的物品、事件和经验分类归纳，通过思维进行概括。通俗地讲，思考力便是把"零散的东西"整理好，并把它们有序归类的一种能力，而领导者都善于思考，未来领导者都是思考者。

有一年，市场预测表明：该年度的苹果将供大于求，众多苹果供应商和营销商叫苦不迭。他们认定：自己必将蒙受损失。

一位聪明的供应商却想出了一个好办法：当苹果还在树上时，他就把自己剪好的"喜""福""吉""寿"等纸字贴在苹果向阳的一边。贴了纸的地方阳光照射不到，苹果上就会留下痕迹。例如，贴的是"喜"字，苹果上就会出现一个清晰的"喜"字。

这种做法正好迎合了人们对福禄寿喜财的追求，这种带字的苹果一上市，就受到了人们的追捧。当别人还在愁自己的苹果如何推销时，他的苹果早被抢购一空了。

第二年，其他苹果供应商和经销商有样学样，也采用这种方法，但

这个供应商的苹果仍然卖得最火。原因何在？原来这次他的苹果上不仅有字，这些字还能组成一句甜美的祝福语。例如，"祝你寿比南山""祝爱情甜蜜""永远想念你"等，鼓励"青睐者"成系列购买，人们纷纷购买他的苹果作为礼品送人。

成功的大门永远敞开，只有善于思考、勇于动脑者，才可以走进成功的殿堂！

作为领导者，确实需要努力工作，但光努力并不够，还要多动脑，多思考，提升能力，体现自身价值。不会思考就不会总结，不会总结就不会创新，不会创新就不会发展，不会发展就会落后，落后就要被淘汰，这是必然的事情，也是每一位领导者必须面对的规律。所以，要想提高领导力，首先就要善于思考。

优秀领导者之所以能够想出解决问题的好办法，关键在于他们具有正确的思考方式，尤其是具有一种创造性的思维方式。换句话说，就是思考造就了他们的领导力。

随着信息量的爆炸，当今的社会生活变得更加复杂，特别是在相对安定、富足的环境中长大的孩子，父母为他们精心维护着童话般安全的世界。但总有一天，他们要面临现实的挑战，面临比父辈更大的压力。在诸多纷扰之中，唯有拥有清晰的逻辑思辨能力，站在思想的最高层，才能拨开层层浮云迷雾，从更深处思考世界的真相和本质。

孔子曰："学而不思则罔，思而不学则殆。"意思就是，只学习而不思考是没有用的，只思考而不学习，只能原地踏步，无法前进。曾任哈佛大学校长的劳伦斯·洛威曾经说过："只有一个方法能真正训练一个人，就是让他自己去动脑子。"

思考，就是要分析、联想、感悟，就是想出改变现状的好办法。只要养成思考的习惯，并善于思考，好点子就能接踵而来。拥有独立思考的能力，会让孩子受益一生。那么，如何帮助孩子养成独立思考的习惯呢？

1. 开放式提问

要想解决孩子不思考的问题，不仅要从学习上解决，还要从习惯上解决！每次孩子做完题目给出答案，都要问一个问题："你觉得呢？"这种提问不是对答案的检查，也不是要求孩子证明这个答案正确，而是让孩子学会分析一个题目的解答是否有明显的矛盾，通过分析来进行反思。

更重要的是，这是一个开放式问题，并没有标准答案。家长可以和孩子一起，用一个大众化的思维去分析这个答案是否正确。在这个过程中，一些不正确的答案就会通过这样的思考被排除掉。这种习惯，是对思维的启发，也是对自己的反思。

2. 通过激发兴趣引导思考

爱因斯坦说过："兴趣是最好的老师，它能激发人的创造热情、好奇心和求知欲。"

培养孩子主动思考的习惯和能力，就是要引起孩子的探究兴趣，并进一步引导他们多问"为什么"。

以数学学科为例，在孩子系统接触数学知识的初期，家长可以在日常聊天和游戏中引入数学问题，让孩子感受到学习数学的乐趣。当孩子对数学有了好感后，自然就会愿意进一步了解和探究数学，主动思考的习惯自然也就开始养成了。

3. 给孩子足够的探索和思考空间

孩子天生就对世界充满好奇，会主动探索未知。一开始，他们会通过触摸、观察等方式了解事物，在探索的过程中思维会不断升级，他们开始通过自己的大脑去思考问题，也会向身边的人问问题。例如，"为什么会有彩虹？""海水为什么是蓝色的？"……这些看似普通的生活实践，却会让孩子的思维逐渐发展起来。所以，我们一定要接纳孩子稀奇古怪的想法，保护他们的好奇心和天马行空的想象，让他们拥有开放的思维、愉悦的心境，闪烁出创造的思维之光。

每个孩子都是天生的思考家，要注重培养孩子坚持观察和思考的习惯，鼓励他们多去尝试任何的可能性，让孩子人生路上走的每一步，都是经过思考后的选择。

让孩子知道：擅长演讲，乐于沟通，优秀领导者也是演说家

演讲赋予了我们分享知识、互相启发的能力；赋予了我们跨越自身区别、互相连接的能力，使我们能够通过别人的眼睛看世界，并把彼此的世界相融合。

世界上最卓越的领导者，都具备强大的公众演说力！看看我们周围那些优秀的领导者，无论是在产品发布会、高峰论坛，还是走访于各大高校，无论面对台下多少观众，他们总能镇定自如，滔滔不绝，富有感染力地讲述他们自己、企业，甚至全国各地发生的事情！让台下的观众永远跟随着他们的思想路，成为他们的认同者和崇拜者！

这就是演说的魅力！

优秀的领导者都有一种卓越的品质：善于公众演说，广泛影响他人！因为演说显现能量，能量创造信任，信任引领追随。领导者善于公众演说，会使吸引合作伙伴、管理团队成员、和谐人际关系，都变得"顺理成章"。

公众演说力，并非只是个人魅力的展现，更体现了领导者的领导力、

凝聚力和团结力！出色的演说口才，能够让领导者的每一句话都富有感染力，吸引听众，让他们跟随着领导者的思想和行动，成为领导者的追随者。

对于领导者来说，演说力的作用不仅在于此。例如，能够充分打造自身的软实力，有效激发自己和他人的潜能；能迅速提升自身的领导魅力，成为卓越的社会精英；能在短时间内俘获人心，收获优质的资源！领导者的演说能力，决定了其最终的成就，一流的公众演说能力是他们的制胜法宝！

孩子一路成长，不是机会少，而是机会来临的时候很多孩子还没有准备好，竞争对手却已经冲出起跑线。机会总是留给有准备的人的，千万不要让孩子在需要演讲的时候，才想到要学好演讲；千万不要遇到困难了，才想到要学好演讲；千万不要因为受刺激了，才想到要把演讲练好。决定孩子人生的不是努力和勤奋，而是关键的转折点。

拥有演讲力的孩子，一开口就能打动人心，掌控场面，一鸣惊人。强大的演讲能力不仅可以让孩子能更有逻辑层次地表达和有品质地思考，还能更有效地沟通，增强自信心，全方位提升领导力。因此，家长需要正确引导、认真对待、鼓励和支持孩子学会演讲。

1. 敢于开口

父母应该多鼓励孩子在陌生人面前表达自己的观点，对孩子进行心理暗示"我能行""我是最棒的""我能做好"，让孩子变得更有信心。在孩子演讲时，父母多给予肯定的眼神，孩子自然会更加自信，演讲也会更加自在。

2. 多听多练习

刚开始可以让孩子多模仿优秀的演讲家，因为他们的演讲富有感情，抑扬顿挫。练习对节奏感的把握，在讲述重点内容时，要放慢语速留给听众思考的空间；在表达激动之情时，可以用较快的语速，引起听众的共鸣。

同时，也要让孩子学习优秀演讲家的肢体语言，包括姿态、神情、动作等，为自身树立良好的形象和威信，直接向听众传达思想感情，顺利沟通。

声音与肢体相结合，更富感染力，效果更生动。把这些技巧运用到演讲中，鼓励孩子多多练习口语，纠正错误的发音，语言流畅，通俗易懂。

3. 写演讲稿

演讲的开头是重中之重，只有富有吸引力，才会引起听众的兴趣。要引导孩子对内容收集的题材进行梳理，层次鲜明，慢慢推向高潮，内容丰富有鼓励性，说服听众，具有自己的思想观点，与听众产生共鸣；结尾简洁有力，总结全文。

4. 临场发挥

演讲者在演讲前感到紧张，就需要进行自我调整。对此，可以让孩子提前熟悉场地环境，代入场景，缓解焦虑。

即兴演讲时，首先，让孩子深呼吸，面对陌生的听众，让孩子寻找自己的支持者，避免视线长时间关注一个方向，与听众进行眼神交流时可以盯住听众的鼻尖，避免情绪紧张。其次，根据听众的反应，在保证演讲稿内容完整的同时，可以让孩子做出一些更改；以此来训练孩子应对突发的状况时的应变能力。

让孩子知道：喜欢文字，擅长写作，好的领导者都是写作者

文字表达能力是一个人的显性综合能力，也是外在的现实竞争力。在现代社会，每个人所从事的职业或许不同，但自身的能力和水平都不同程度地需要用文字表达出来。简言之，文字表达能力就是"写"的能力。考公务员、竞争上岗、公开选拔的笔试，都离不开"写"的能力。工作实践及与人交往，常常也需要通过文字来表达。

文字表达能力，也就是一种运用语言文字阐明自己的观点、意见或抒发思想、感情的能力，是将自己的实践经验和决策思想，运用文字表达的方式，使其系统化、科学化、条理化的能力。

罗振宇在《奇葩说》里说："职场，或者说当代社会，最重要的能力就是表达能力。因为传统社会最重要的资产，是财富和权力，而未来社会

最重要的能力，是影响力，影响力怎么构成？写作，演讲。"

学习本身是一件短期内很难出成效的付出，写作更是耗时长、成效慢的一件事情。但写作，一旦有所获，必然是其他竞争对手无法复制的竞争力。

写作能力的培养，贯穿每个人的整个学习生涯，从小学语文课开始就有看图说话，然后是看图写话，再到后来是写记叙文、说明文、议论文……这些方式都可以锻炼孩子的文字表达能力，也就是写作能力。

学生时代，良好的文字表达能力可以让孩子写好作文、做好读书笔记、实验报告和毕业论文等。而在团队中，良好的文字表达能力可以让孩子做好工作计划、汇报和总结等。

写作能力是领导者应该具备的基本素质，让孩子学会用文字表达自己的想法，提高写作水平，是这个时代对孩子最好的教育，也是对孩子未来最好的投资。那么如何让孩子学会写作，爱上表达呢？

1. 多读书

博览群书是提高表达能力的基础，写作的前提是要有大量的阅读输入。

清华大学在开设"写作与沟通"这一门课程的第一课堂上，老师就告诉学生："好的'写'者首先是好的'读'者。""写作思维的养成，则有赖于广泛多样的阅读所建立的知识储备，以及在此过程中形成的开放包容的心态。"

日常中，为了积累素材，可以让孩子阅读古今中外的经典著作和各类小故事。《中国诗词大会》第二季的冠军武亦姝从小就爱看书，据报道，武亦姝"上一学期里读的书就有《浮生六记》《人间词话》《聊斋志异》《红楼梦》《庄子》等古代经典，每星期还会交叉着读《剑南诗稿》《小山词》《放翁词》等。"武亦姝在诗词大赛上表现的实力与淡定都是不断阅读积累的结果。

2. 勤练笔

勤练笔是提高文字表达能力的保证，多练笔，多写才会写好。

要鼓励孩子用文字记录生活，每天写一篇日记，也可以一周写一篇周记。内容可以是日常生活的点点滴滴，也可以是所见所闻的感想，还可以是对自己一段时间内生活和学习的复盘。通过反复地书写，锻炼孩子的逻辑思维能力，孩子才能清晰、有力地表达出自己的观点。

勤练笔，勤写日记，可以增强语感，锻炼逻辑性。这是锻炼文字表达能力的重要诀窍之一。

3. 多思考

对生活的观察和对问题的思考是提高孩子文字表达能力的必经之路。因此，在生活中要鼓励孩子多观察，遇到问题时多思考，发现事物内在的联系和万物变化的客观规律，锻炼孩子透过现象看本质的能力。孩子对生活和问题有了精辟的认识，才能提出富有新意的观点，才能写出好文章。

4. 注入情感

兴趣是最好的老师，培养孩子的文字表达能力，无论是通过博览群书、勤于练笔，还是引导孩子思考，都应该先培养孩子的爱好，注入情感的表达，才能写出打动人心的文章。

让孩子知道：走出书房，深入实际，卓越领导者都是实践者

《论语·公冶长》中说："子路有闻，未之能行，唯恐有闻。"翻译成现代文就是，子路听到了什么道理，就会立刻上去践行，如果没有践行到位，没有揣摩领悟道理说的是什么意思，他就害怕老师或同学又给他讲新的东西。

这段话是对子路勇于实践、知行合一的赞美。

子路性子比较急，为此他还曾受到老师的批评，子路的勇气却备受后世推崇。这段文字，精彩地呈现了子路的这个性情。他认为，理论是用来指导实践的，听到好的道理而不去做，那是一种罪过。

知与行，是儒家学说中关于认知与实践之关系的哲学范畴。在孔子的时代及以后很长时间里，儒学大师们都认为"知"在"行"前，人们的行动应该由某种理论作指导。

在现实中，很多人之所以无法成为领导者，主要原因之一就是他们属于理论上的巨人、行动上的矮子。而优秀的领导者，无一不是强大的执行者。他们知道的道理及所奉行的理论，多数并不比他人高明，有时理论上还不如别人，他们的可贵之处在于，能把知道的道理运用到实践中，让它真正发挥作用。

陆游曾说："古人学问无遗力，少壮工夫老始成。纸上得来终觉浅，绝知此事要躬行。"这告诉我们，从书本上得到的知识是浅薄的，要真正理解书中深刻的道理，必须亲身去实践。

领导能力的培养，其实并不难，关键之一就是采取行动。虽然行动不一定能带来满意的结果，但不行动绝对不会出现满意的结果。这个世界从来不缺乏机遇，而是缺少抓住机遇的手，优秀的领导者只要有了想法，就会立即付诸行动，他们不会担心失败或困难重重，只会不停地实践与追求，不断超越自我，创造属于自己的辉煌。

因此，为了提高孩子的领导力，就要将孩子从书本和家庭引向广阔的社会，鼓励孩子参加社会实践，提高孩子解决问题的能力。

1.快速行动可以抓住更多机会

抓住每一个机会，才能更接近成功。优秀的领导者往往不会在计划和思考上花费过多的时间，而是更愿意立刻行动。看到一个机会时，他们会迅速采取行动，而不是等待所有的条件都具备。

2.行动可以激发无限潜能

勇敢面对挑战，才能激发自己的潜能，实现自己的目标。人的潜力是无限的，但只有在面对挑战时才会被激发出来。优秀的领导者深知这一点，因此他们更愿意迅速行动，不害怕挑战。

3.失败是成功的阶梯

失败是成功的阶梯，每一次失败都是一次宝贵的经验。优秀的领导者并非从未失败，而是能够在失败后迅速振作，继续前进。

让孩子知道：以身作则，一马当先，优秀的领导者都是好的引领者

身先士卒其实起的就是一个带头作用，不管事情有多苦多累，领导者都会走在前面，其他人也就没有理由缩头缩尾了。研究表明，身先士卒的领导者更能赢得成员的信任，成员的忠诚度也比较高，不会轻易离开，会心甘情愿地跟随着这样的领导者。

优秀的领导者在遇到困难时往往都会身先士卒。例如，虎牢关前的李世民。

身先士卒是领导者的必备素质和能力要求，一是当团队成员能力不足、束手无策时，领导者亲自出手，既可补齐团队短板、解决燃眉之急，

又可提升团队的协作能力与合作意识。二是在团队成员信心不足、情绪低落时，领导者站出来鼓舞士气，避免畏难情绪在团队中弥漫。

所谓"一马当先"，就是指在集体行动中，领导者要有率领大家向前冲锋的精神，这种精神代表着勇气、责任、担当和奉献。一马当先的精神，正是现代领导者必备的品质之一。不仅能够推动个人向更高层次迈进，也能够带动整个团队向前发展。

能够一马当先的领导者一般都不畏艰险、心态稳定、勇往直前。他们比其他人更有自信心，能够把握机会，敢于冒险，能为团队带来更多的利益。不仅如此，还能够激励团队，带领大家共同前进，实现共同目标。

在学习上，能够一马当先的领导者都会不断追求进步、积极主动、勇于挑战。他们善于发掘自己的优点和潜力，总能保持一颗积极向上的心，不断地追求更高的成就和更好的表现。这种进取精神，不仅有利于自己的学习，也能够影响和激励周围的人。

在社会中，能够一马当先的领导者，都敢于承担社会责任、关注他人利益、热心帮助他人。他们会以自己的实际行动，维护社会和谐、促进社会进步，这种精神凝聚着人们的力量，是团队发展的源泉。

第七章

激励人心

——卓越的领导者都善于鼓舞人和激励人

告诉孩子：描绘共同愿景，吸引团队
成员劲儿往一处使

愿景就是希望看到的情景，是关于未来的梦想、希望、目标、抱负、愿望和承诺等。能够为他人或组织描绘愿景，展现的是领导者的前瞻力，这是领导力的核心之一。

领导者作为团队的领头人，必须学会用愿景引导团队成员。

团队有了自己的愿景后，就会对团队成员产生吸引力，就会让团队成员具有认同感。在追求团队愿景的过程中，团队成员相信他们所做的事是值得努力的，相信自己能够实现团队的梦想，进而实现自己的梦想，从而会认同团队，并且积极努力地行动。

共同愿景给了团队成员一个相同的目标和方向，促使他们劲儿往一处使，心往一块想，把力量聚集到一起，这样的团队容易取得预想的成就，甚至取得超出目标的优异结果。

作为团队的领头人，要告诉团队成员，他们是什么？他们为什么？他们干什么？要让团队成员一起来分享对未来的憧憬，让他们对未来有更高的期待，继而获得一种强大的使命感。

好的愿景起到的作用不仅如此，也会给人以压力和挑战。对于团队成员来说，有没有共同愿景绝不是表面微小的差别。团队成员的奉献精神和奋斗动力，与团队的共同愿景息息相关。如果没有共同愿景，奉献的行为不会产生，连真正遵从的行为也不可能产生。

愿景能凝聚起团队中每个人的力量，使人们产生整体感。当团队遭受混乱和阻力时，愿景能够引导团队继续遵循正确的路径前进。随着团队的发展，愿景会变得越来越重要，没有什么比一种清晰的愿景更吸引人的了。

愿景是对未来的期许与憧憬，是未来想要实现的梦想。古今中外，有许多人皆因梦想的实现，而对世界做出了伟大的贡献。

愿景是一个人最重要的内在动力，也是孩子学习成长最重要的动力来源。愿景的画面越清晰，越能够促进行动。愿景力意味着孩子拥有内在动力，内心产生激情，愿意为了一件事情持之以恒地付出努力。一个没有发展出愿景力的孩子，不会知道自己喜欢什么，追求什么，对事情都抱着无所谓的态度。那如何用愿景来激发孩子呢？

1. 对于孩子的愿景，父母要表现出足够的兴趣，表示支持

很多父母一听孩子的愿景是个清洁工或名司机，就觉得特别失望，觉得孩子的愿景不够崇高，一心想让孩子成为作家、医生、舞蹈家等。但对于孩子来说，他的梦想就是他特别想做的事情而已，是他认为最光荣的事情，需要父母认可，所以父母要呵护并引导。

有了这些愿景，孩子就有了明确的目标。为此，他就可以倒推出现在和未来几年需要做的事——为了实现愿景，他需要考上哪所大学、学习什么专业；再往前需要考上哪所高中，取得什么样的成绩；需要考上哪所初中，处于什么样的名次和获得什么样的分数；现在的自己和这些目标的差距到底是什么，需要做出怎样的努力……一切就都将变得明确。

2. 用榜样鼓舞愿景，鼓舞孩子的斗志和信心

并不一定是未来成为科学家、宇航员这样伟大的梦想才能点燃孩子的学习热情，当孩子说梦想是当一名优秀的园林工人时，家长可以告诉孩子，当一名优秀的园林工人是一件很了不起的事，不过当一名园林工人要学习很多知识。例如，树的习性、土壤的性质、浇水施肥等。就像"水稻之父"袁隆平，他的愿景就是要种出像大树一样的水稻，在他的努力下，我们国家的粮食越来越多，现在我们不仅有充裕的粮食，还能够帮助世界各国的人们，让他们吃饱饭。不仅如此，让孩子知道实现梦想需要学习知识，还能让孩子找到愿景的对标榜样，让孩子向榜样学习，学习的动力才会更足。

3. 用志趣连接愿景，用恒心坚持

孔子说："知之者不如好之者，好之者不如乐之者。"无论做什么事情，如果没有内心的驱动，孩子都不可能将这件事做好，都不可能获得太大的成功。

兴趣是孩子成长过程中最好的老师，有了兴趣，孩子对于自己选择的事情往往会努力地坚持完成，并且乐在其中。父母如果能帮助孩子发现自己的兴趣所在，并能将其融入自己的愿景与规划中，孩子的学习、生活及未来的工作都将生机勃勃，充满乐趣。

青少年阶段，孩子对于事物的兴趣已经由最初的有趣，上升到乐趣，有些已经向志趣迈进。志趣，就是孩子的兴趣与社会责任感、梦想、奋斗目标相结合，具有社会性、自觉性和方向性，不仅可以让孩子体验到快乐，更会让他获得满足、充实与成就感。

父母关注和尊重孩子的兴趣，并以此为线索发现孩子的潜能和优势，鼓励和支持他们坚持和发展兴趣，形成志趣，与愿景连接，他们将更有动力。

孩子有了梦想和明确的目标后，脑中就会集中起所有的注意力去关注与梦想和目标有关的信息，并将其汇总到大脑中，用以提升自己。此时，大脑好像变成了一块磁铁，迅速地将有助于孩子达成目标的一切信息或机会吸附过来，不断积聚，达到厚积薄发的效果。

告诉孩子：提高识人能力，将合适的人安排在合适的位置上

把合适的人放到合适的位置上，既是一门管理艺术，又是一种体现领导者水平的重要能力。

领导者一般都懂得知人善任，让合适的人做合适的事，实现人与事的最佳配置，鼓励成员将自己的作用和能力全部发挥出来，从而实现人生最大的价值，创造出最佳成绩。

孙权是三国领导人中年纪最小就掌握权力的人。孙策意外遇害身亡，孙权迫不得已，临危受命，接管了东吴的基业。但是，在跟随父亲和哥哥的老臣和前辈们面前，他容易被轻视和忽略，甚至可能遭受谋权夺位的风险。

当时，像张昭、张纮、周瑜、程普、黄盖、太史慈等一众东吴臣子，要么是跟着孙坚，要么是跟着孙策一路走过来的，大家都是功臣，对他这个新任的领导冷眼旁观。所有这一切都考验着这个年轻的霸主。

孙策曾嘱咐孙权："外事不决问周瑜，内事不决找张昭。"于是，孙权采用了"举贤任能，各尽其心"的策略。他先拜张昭为师父，以周瑜、程

普等旧臣为统帅，借助张昭和周瑜等人来带动其他人，再为队伍注入新鲜血液。招揽名士豪杰，邀请鲁肃、诸葛瑾、顾雍、陆逊、步骘等有名望的人才共事，逐步树立了自己的权威。

孙权懂得倾听，但不会盲目听从。赤壁之战前夕，大部分谋士和武将都主张投降，只有鲁肃和周瑜站在孙权这边。孙权听完众臣意见后，也听了鲁肃的建议，和周瑜共商对策，最后决定和刘备联手抗击曹操，最终取得了赤壁之战的胜利。

孙权也懂得识人用人。周瑜、鲁肃、吕蒙、陆逊，每个人都才华横溢、懂兵法、懂谋略，帮助东吴扩大了版图。例如，陆逊，官拜大都督时还不到 40 岁，孙权却不顾他年轻，力排众议地提拔他，陆逊也不负众望，火烧连营 700 里，击败了刘备的进攻。

孙权注重人才培养，为我们留下了"士别三日，即更刮目相待"的吕蒙就是在孙权劝导和培养下成长起来的。从孙权的对手曹操感叹"生子当如孙仲谋"中也能看出孙权的能力和影响力。

知人善任，即将每一个人都放到最适合他的位置，才能发挥其最大的能力和功效。一个人，即使再优秀，也不可能是万能型的，因此要想让团队取得最大的成绩，就要"器使而适用"，使成员的特长得到充分的发挥。

这就好比质地坚实的木梁可以用于冲击城门，而不可以用来堵洞穴；强壮的水牛不能用来捕捉老鼠，千里马不可以用来看守门户；价值千金的宝剑用来砍柴，还不如一般的斧头；古老的宝鼎用来耕田，还不如铁犁。有材不用，固是浪费；大材小用，也有损于事业；小材大用，则危害事业。

杰克·韦尔奇说："让合适的人做合适的工作。看不到别人的长处是可惜的，而把有一定才能的人放错了位置，让他的短处放大是可怕的。"领导者在识别人才之后，还需要有用人之智，即将人才用到最合适的位置，发挥他的长处。识人能力，是领导者必须具备的一项能力，家长一定要认真对待，给孩子正确的引导和培养。

1. 正确识人

孔子曰："听其言而观其行。"

孟子曰："胸中正，则眸子瞭焉；胸中不正，则眸子眊焉。"

要想正确识人，我们可以运用测评工具和面试手段，包括心理上的、行为上的、模拟的、案例的、压力的等，使用各种方法去认识他人的性格和能力。

与一个人进行短暂的沟通时，就好比站在远处看一座冰山，只能了解到浮在海面以上的冰山的外在特征。而要想深入了解一个人，就需要抛开外在特征，深入其本质。例如，诚信、创新、责任、合作、积极性、价值取向等。这就需要我们进行长时间的沟通和认真观察。

俗话说，"路遥知马力，日久见人心"，要引导孩子长时间、多角度地了解一个人才能真正识人。

（1）善于观察。接触一个人的时候，孩子会通过第一印象对他形成一个基础认知，但想要了解得更多，就要让孩子养成观察的习惯，关注对方的细节。

（2）多沟通，善倾听。要想获得信任，就要善于倾听。所以要鼓励孩子少说话，让他人积极发言。这里的倾听，是指多听他人的故事，因为每个的经历和故事，能更好地反映一个人的性格、阅历和能力等。

（3）给予任务，验其能力。了解一个人的能力最快的方式是给予对方一个任务，看任务的过程把控和结果的呈现，就像打怪升级一样，不断提升任务的难度，对方的能力慢慢地就会发生质的飞跃。

2. 用人所长，容人所短

领导者最重要的才能是什么呢？是调动成员的积极性，是知道自己的成员都有什么才能，他的才能是哪些方面的，性格怎样，特征如何，有什么长处和短处，放在什么位置上最合适。

优秀的领导者都会将普通人组织起来，做出不平凡的事情。因为团队的力量就在于"发现并发挥"每一个人的长处。

金无足赤，人无完人。人的短处和长处，就像高峰和低谷一样同时并存。没有优点和缺点的人，往往被称为平庸之辈。在团队中，要本着发挥成员所长的原则，关注成员的长处，依据成员的长处安排任务，并使其长处得以发挥。

要让孩子学会容忍他人的短处，不要企图使人成为"完人"或"全才"。当个人的短处影响到其优势发挥的时候，应想办法对他们进行帮助和弥补短处。

告诉孩子：授权给团队成员，他们就会
报之以"责任感"

有个成语叫"事必躬亲"，意思是一个人做事的时候，巨细无遗地都亲自操办。这个词在很长一段时间内都是褒义词，因为这个词所形容的人很勤奋，很负责任。但对领导者来说，事必躬亲只能用来形容最无能的领导。

团队由多个成员组成，这些人的存在就是为了分担事务，如果成员很多而领导者还事必躬亲，要成员何用？这样的团队，也就失去了存在的意义。领导者需要通过放权来完成任务，因此学会放权是领导的必备技能之一。

唐玄宗李隆基即位初期很讲究用人之道，任用姚崇、宋璟为相。有一次，姚崇就一些低级官员的任免问题向唐玄宗请示，连问了三次，唐玄宗都不予理睬。姚崇以为自己做错了事情，慌忙退了出去。

高力士在旁边劝李隆基道："陛下继位时间不长，天下事情都由陛下决定。大臣奏事，妥与不妥都应表明态度，怎么连理都不理呢？"

唐玄宗说："我任姚崇为政，大事情需要我决断。官员任免这样的问题，姚崇都不能自己做决定，居然来烦我？"

后来，高力士将意思传达给了姚崇，表面上看，唐玄宗是在批评姚崇拿小事麻烦他，实际上是放权，让他敢于做事。他感受到了李隆基对自己的信任，就放手办理事情了。

正是因为唐玄宗敢于放权用人，所以各级官吏都能充分发挥自己的才能，历史上才出现了著名的"开元盛世"。

司马光在《资治通鉴》中提出，作为君主和皇帝，如何管理广大的百姓？他将帝王隐喻为人体的心脑，大臣犹如人体的躯干肢体，躯干肢体拱卫心脑，心脑支配躯干肢体。从当今管理学来看，就是划分层级，制定权责，自上而下进行逐级授权管理，确保组织顺畅运行。

实际上，任何一个人，即使是天才，也无法独自完成所有的事情，必然需要团队成员的通力合作。同样，作为一个领导，不可能将所有权力集中在自己手中，也不可能事必躬亲。因为人的精力是有限的，而且也没必要什么都自己去做。所以，作为领导，只需掌控好决策权、监督权和奖罚权足矣，至于执行权等可以授权员工。

那么什么是授权呢？授权的真正含义是：工作分工和权力分配。

授权是团队运作的关键，它是以人为对象，将完成某项工作所必需的权力授给团队成员，即领导者将处理用人、做事、交涉、协调等决策权移转给成员，只授予权力，不托付完成该项工作的必要责任，这是授权的绝对原则性。

团队中的不同层级有不同的职权，权限会在不同的层级间流动，继而产生授权的问题。授权最重要的好处是，领导者有时间做他们真正应该花费时间的工作。

作为一名领导者，首要职责是保持团队工作的流畅性。领导者的工作量最小化，才有更多的空闲时间，去关注更重要的事情，有机会查看哪些成员的工作效率最高。即使遇到问题，授权者也有足够的时间坐下来讨论解决问题的办法。

简而言之，从领导者的角度来看，授权将带来更高的工作效率。

授权是领导者必须具备的能力，因此在日常生活和学习中，也要给孩子提供机会，引导孩子学习授权。

授权的三个要素如下：

1. 分配责任

分配责任是整个授权过程的第一步，授权本质就是领导者对成员的决策权力的下放过程，也是职责的再分配过程。领导者必须在限定的时间内将需要完成的任务分配给团队成员。

2. 授予权力

假设孩子是一名领导者，需要分配团队成员去做某件事时，如果成员每一步都要来找领导者获得完成任务所需的许可和签字，那么这个任务分配对领导者来说就没有任何意义了，这就不是在授权，而只是分配了一项对领导者没有任何好处的任务给成员去做。严格来说这并不是真正的授权，而只是"授责"。

同样，授权意味着让成员直接负责。成员可以按照自己喜欢的方式完成领导者分配给他的任务。他如何处理障碍取决于他自己，领导者只要关心最终的结果即可。

3. 监督和控制

没有制约的权力，是不可想象的，仅有授权而不实施监督会招致许多麻烦，最可能出现的问题是成员滥用获得的权限。因此，在分派任务时就应当明确监督机制。然后领导者与成员就任务完成的具体情况达成一致，确定任务完成日期。在这些时间里成员要向领导者汇报工作的进展情况和遇到的困难。为了确保成员没有滥用权力，领导者还要对任务进度做定期抽查。

告诉孩子：为团队成员创造发展机会，
让他们更快地成长

一天，一位管理学家在办公室里接待了一位客户。

这个客户每天除了与客户电话联系，还要处理公司大大小小的事情，桌子上的文件堆了一堆等着他去处理，他每天忙得不可开交。每次出差，他都要提前三个小时起床，先处理完公司的传真，然后再将传真发出去。

他觉得自己像个机器，每天都在不停地运转。此外，他还担心员工出位，抢占了自己的功劳，每天都在小心防范，感到很累。

听完客户的陈述后，管理学家说："你做得太多，下属却做些简单、不费脑子的事情，是不合理的。而且，你做得越多，所要承担的责任和风险越大。你这种做法，得不到优秀的人才。即使得到了优秀的人才，你也担心会被超越，会抑制他们发展，最后你很可能会沦落到孤立无援的境地，这对开展工作很不利。要知道，给别人机会就是给自己机会。"

客户听了觉得有道理，便问该怎么办。管理学家告诉他，你要先选出一个或两个能够在你不在的时候主事的人，要成员向主事的人汇报工作，之后再由主事的人向你汇报工作。另外，要给下属表现的机会，这样他们才愿意服从你的领导，如果这些人的职位真的超过了你，他们也会顾念知遇之恩。

客户尝试着按照管理学家的方法去做，虽然克服原来的一些心理因素很困难，但最终收到了很好的效果。

卓越的领导者都懂得放下一些不必要的担忧，放下没自己不行的想法，给团队成员表现和升职加薪的机会。他们能有更多的时间，发掘出优秀的人才，展现出自己的领导魅力，赢得更多的发展机会。

成员犯了错误，给他们一个解释的机会；成员主动请缨，给他们一个表现的机会；成员提出建议，给他们一个执行的机会；成员遇到难题，给他们一个学习的机会……成员的成长就是领导者的提升，成员的忠心就是领导者的保障，给成员机会就是给领导者自己机会。

优秀的领导者都会为团队成员画好蓝图，给他们留下展现能力的空间，发挥他们的智慧，他们会画得更好；多让成员参与管理事务，是对他们的肯定，也是满足成员自我价值实现的精神需要，更是让成员有了更多成长的机会。领导者赋予团队成员更多的责任和权利，他们会取得让你意想不到的成绩。

成员对领导者充满了强烈的希望和足够的信任，他们会把自己的晋升和进步都寄托在领导者身上。所以，领导者就应该为他们做一些事情，体现一些高风亮节的精神，争取为优秀的成员创造一些良好的机会，帮助他们尽快实现职场晋升的梦想，这也是领导者应该做到的事情。

1. 为成员创造升迁的机会

在团队中发展，有高有低，有挫折，也有顺畅，特别是对于一些工作能力一般、工作业绩平淡、人际关系冷淡的主管，升迁几乎处于瓶颈状态，几乎没有继续升迁的希望。这时候，他们就容易对工作心灰意冷，毫无进取之心，失去做事的热情，对上级领导也很冷淡。事实上，优秀的领导者都与人为善，与己为善，他们会用发展的眼光对待成员，热情扶助，努力培养、推荐、提携和重用，为成员升迁创造良好的平台，为成员发展提供难得的机遇，以帮助成员发展进步。这是领导者最基本的职业道德体现，也是成员对领导感恩的具体内容。

2. 将成员的工作成绩向上级领导进行推荐

作为一个领导者，即使自己的职务发展遇到了瓶颈，在对待成员的职务升迁上，也要有热心，为他们提供足够的帮助，特别是在职责范围内，要对成员付出更多的关爱，将成员的表现、成绩和工作能力，极力推荐给上级领导者。

领导者说话的分量、所在的职务地位，决定了团队成员的升迁分量。所以，领导者对成员多一些热心，既对成员有好处，也能体现个人的领导力的魅力。

3. 为有能力、有成绩的成员，争取最大的发展机会

作为一个领导者，特别是作为一个负责任的领导者，要多为成员着想，特别是多为那些有能力、有成绩的成员着想，一旦发现升迁的机会，就应该积极主动地去为成员争取，这是一个领导者高风亮节的体现，也是领导者为成员负责的奉献精神体现。任何有感恩之心的成员，都会对领导者的热情主动帮助感恩戴德。

4. 为成员营造和谐友善、顺利发展的氛围

作为一名领导，特别是作为主管领导，要为自己的成员创造有利于晋升的条件，营造和谐友善、顺利发展的氛围。特别是在成员有望晋升的关键时刻，更要伸出手去帮他一把。对上，要积极主动牵线搭桥，与上级领导沟通好思想，争取好机会；对下，要协调好团队成员，共同支持和帮助有能力、有业绩的成员优先发展。

总之，优秀的领导者对待每一个成员都会尽职尽责，热心帮助他们、培养他们、提携他们。即使自己的发展遇到了瓶颈，也要善待成员，培养成员，帮助成员实现梦想。

告诉孩子："尊重"是最人性化、最有效的零成本激励手段之一

有人说："人性最深切的渴望，是得到别人的尊重。"的确，人是万物之灵，有思想、有人格、有尊严。任何人都希望在社会上有自己的一席之地，没有人希望自己被他人忽视、遗弃或者摒弃。作为团队成员也是如此，唯有让他感觉到领导者没有忽视他、遗忘他，而是尊重他，他才会在工作中充满干劲，以报知遇之恩。

在现代团队管理中，讲究的是"以人为本"。而以人为本强调的是以人为中心的管理，即尊重人、理解人、关心人、依靠人、发展人、服务人。其核心就是尊重人，领导者一定要理解这一点，尊重理解和关心团队成员。

元世祖忽必烈亲自率军平定叛乱期间，朝中受命主持工作的宰相桑哥，以筹饷资助平叛为名，横征暴敛，中饱私囊，同时还卖官鬻爵。

忽必烈平叛回朝后，尚书不忽木向他告发了桑哥的这些罪行。忽必烈

立刻派人查抄了桑哥的家，发现他的库存家财几乎有国库那么多。忽必烈大吃一惊，怒火冲天，把桑哥斩首示众。

忽必烈物色宰相的接替人选时，考虑了很久，觉得不忽木最合适。他对不忽木说："你小时与我同窗读书，就很喜欢钻研治国利民之道。现在当了尚书，成绩又非常出色，我很久之前就想任你为相，你三番五次地推让。这一次，桑哥这个贪官已除，你立了大功，我决意请你为宰相，你不能再推辞了。"

不忽木说："桑哥十恶不仁，一直都在排挤我，现在陛下已为民除害，我的性命无忧了，这已经足够了。关于我的官位，现职就已力不从心，担任宰相，更难胜任。朝臣中德高望重、比我强的人多得是，请陛下另选高贤，臣实在不能担任。"

忽必烈问他谁可担任此职。不忽木推荐说，太子詹事完泽廉正自洁，料事如神。他曾在阿合马家住过，阿合马犯罪被查抄时，发现了一本记录给阿合马送礼的名单。在这份名单中，其他官员的名字一一在列，只是没有完泽的名字，这就说明完泽刚正不阿，不对人行贿。桑哥当了宰相后，完泽曾多次跟别人说过"此人掌权，国事必败"。现在桑哥的罪行已经被揭露，证明他有识别人的能力。所以，完泽当宰相最好不过。

其实，忽必烈也知道完泽有德有才，听了不忽木的话，更加深了对完泽的认识，随即采纳了他的意见，命完泽为右丞相。同时，为了鼓励不忽木无私让贤的精神，提升不忽木为平章政事。

后来，有人告发完泽利用职权，徇私舞弊。忽必烈将控告书拿给不忽木看，让他核实。不忽木看了控告书后说："这些事不用核实。我与完泽在中书省任事，朝夕相处，从没发现他有这种行为的可疑迹象。控告书上指的他所用的'亲信'，与完泽根本没有什么私人关系，这个人正直能干，即使是他的亲人，也用贤不避亲。控告书指的那笔费用，是我们亲手经办的，完泽并没拿一点儿。这完全是诬告！陛下可以亲自去查一查，若是我讲得不属实，臣甘愿接受处罚。"

忽必烈亲自查对后，发现不忽木讲得完全属实，告发人对完泽的揭发纯属诬告。一场无中生有的风波就这样过去了。完泽为对忽必烈和不忽木的护贤行为大受感动，此后更加无私无畏地投身于工作。

人性之中，自尊居首。领导者情理兼顾，与团队成员建立真诚平等的人际关系，才能提升他们的向心力，增强团队的凝聚力。懂人性、尊重成员的领导者，才是真正高水平的领导者，也只有这样的领导者，才能带领团队走向持续的成功。

尊重成员的人格，是领导者最基本的修养和对成员最基本的礼仪；作为领导者，除行使权力外，还应有自己的人格魅力，如良好的形象、丰富的知识、优秀的口才、平易近人的作风等。

那么，如何引导孩子在团队中尊重他人呢？

1. 少说令成员伤心的话

在团队里，领导者把事情交给成员去办而没办好，甚至办砸了，有些领导者会这样说："我怎么会让你办这件事呢？""我对你太失望了！""当初我就觉得你不行！""你真给我们丢脸！"……这些话脱口而出，会伤了成员的心，甚至让成员失去工作的激情和干劲儿。面对成员的错误、失败，有水平的领导者则安慰他们的情绪，与他们一起查找失败的原因和解决问题的方案，并给成员积极的鼓励。

此外，不懂得尊重成员的领导者，还会颐指气使地对成员这样说：

（1）"听我的还是听你的？"

"在这个团队，谁说都不行，我说了算！""没我的签字不行！""你们只有执行的份儿，其他的少啰唆。"……就是一种典型的独裁式管理，会伤害成员积极主动的精神和职权意识。领导者不是独裁者，在管人带队的时候，尊重人权，重视个体，友善地询问和关切地聆听非常重要，也是避免决策失误的最好路径。

（2）"你见没见过世面？"

真正有水平的领导，绝不会轻易否定团队成员的意见，更不会脱口而出这样的话："你说得不对！""这么多人难道谁都不如你？""你不要自以为是！"等。

（3）"你的想法很幼稚！"

当成员提出建议时，不管那些意见是否合适、恰当，领导者都应该鼓励他们主动思考、关心团队的行为，绝不能说："你的想法太幼稚了，根本没动脑子！"这句话的言外之意就是，你说的都是废话，想法都很可笑。

（4）"你是干什么吃的！"

委派任务后，有的领导者会认为自己完成了任务，不用再管了。当成员突然来汇报事情进展得不顺利时，说可能完不成了，领导者就会劈头盖脸地一顿呵斥："你是干什么吃的！""早干啥去了？""没吃过猪肉还没见过猪跑？"等。言外之意就是，你是一个啥事也干不成的窝囊废。成员听到这样的话，自尊心就会受到极大的伤害。之后，为了保持心理平衡，他们就会寻求合理的补偿。例如，迟到早退、无故请假、消极怠工、损坏公物、私下抵制、散布流言等。

（5）"干得了干，干不了走人！"

有的领导者经常会将"干得了干，干不了走人！"挂在嘴上，甚至成了口头禅，因为他们只在意自己的喜怒哀乐，毫不理睬成员的感受。"干得了干，干不了走人！"这是一种盛气凌人的威胁，对于和自己共同奋斗过的团队成员，没有一点儿关爱之心，谁听了都受不了。领导者不要说这样的话，自己口不择言针对一个人说的话，很可能会伤害一大片人的心。

（6）"你比某某差远了！"

尺有所短，寸有所长。每个人都有自己的长处，也有自己的短处。拿一个人的短处去和另一个人的长处相比，就容易得出"你比某某差远了！"的结论。真正高水平的领导者，不会说出这么没水平的话，更不会拿这样的话来发泄对某个成员的不满。

成员的能力有欠缺，要就事论事，领导者抓住成员的某个缺点进行无情打击，极尽挖苦讽刺之能事，于人于己于团队都是有百害而无一利的，要发扬成员的长处，包容成员的短处，做到人尽其才，才尽其用。

2. 放下架子，正确说话

每个领导者都有自己的管理方式，但现代领导者都知道尊重成员，要正确说话。

（1）"对不起，是我错了！"

领导者勇于承认自己的错误，成员才会感到被尊重，才会指出领导的不足，团队也才有可能回避战略决策上的重大失误。这一点说起来容易，但真正能做到的领导者少之又少，需要领导者长期的理性修炼。

（2）"你有什么建议？"

广开言路，吸纳好的建议，才能不断有新的创意。领导者不尊重成员的想法，成员即使有好的想法，也不愿对领导谈，只是被动地接受领导的各种指派，团队最终会沦为"一言堂"。

（3）"就照你的想法办吧！"

领导者肯定成员提出的想法，支持成员按自己的想法去做事，会给成员带来极大的成就感，激发出成员的创意激情，促使他们提出更多、更好的建议。

（4）"我们一起！"

工作中遇到困难时，高水平的领导者会与团队成员站到同一个战壕里，与成员并肩作战，及时给成员提供支持、鼓励和帮助。优秀的领导者会采用"我们一起！"的说法或做法来共同面对困难。这样可以更好地调动团队成员的积极性，形成团队合作的氛围，既可以将自己从事必躬亲中解放出来，又可以克服困难，完成任务。

（5）"干得好！"

对于团队成员完成的任务，要及时给予正面反馈。任何人都希望自己的努力得到他人，特别是领导者的认可。认可是最强有力的工具，且不需要任何成本。所以，领导者要学会毫不拖延地认可团队成员的卓越表现。

（6）"谢谢！""辛苦了！""请！"

成员为团队所做的每一件事，领导者都应该心存感激，而不应看作理所当然。领导与成员的关系，不应只是简单的"我指挥、你干活"。在汇聚着高级人才的团队里，领导者一旦令成员感到自己被轻视或不被尊重，成员就会产生抵触情绪，就不会将全部精力都投入到工作中。

很多团队成员说，领导把一项工作交给他们时，其实只要一句语气真诚的"谢谢！""辛苦了！"就足够了。一句简单真诚的"谢谢！"会让成员获得满足感和被尊重感，领导者何乐而不为呢？

第八章

善于引导

——未来领导者都是优秀的引路人

告诉孩子：自己的思想境界足够高，
才能引领团队成员

俗话说："有什么样的境界，就有什么样的世界。"

境界既是指人的思想觉悟和精神修养，也是自我修养的能力，即修为、人生感悟。个人的经历和悟性最终决定了他的人生境界。境界高其实就是思想境界和思考维度高。

思想境界高的人，品行端正，积德行善，孝敬父母，诚实守信，做事认真，对事业充满激情，对平台充满感激，对规则充满敬畏，内心时刻充满愉悦。这样的人运气好，更容易取得成功。

思想境界高的人，多半是内心强大、进取心强的人，他们的信念足够坚定，境界足够高远，不会被外界影响，专注于对自我目标的追求。

思想上站位高的人基本上都有三个共同点：一是能管理或团结更多的人，或者说有更多的崇拜者；二是不管处于哪个层面，都能结交更多的朋友；三是拥有较高的名望或较大的权力或较多的资源。因此，要想成为一名优秀的领导者，就要努力提升自己的思想站位、思想境界和处事能力。

1. 提高思想境界的好处

在团队中提高思想站位有以下好处：

（1）有利于化解矛盾。矛盾就是对立的双方，思想站位低的人总是把与对方的矛盾当作对立面，是不可调和的外部矛盾，必须弄个是非分明，非你即我。思想站位高，在原来矛盾对立的上方有了一个统一的整体认知，外部矛盾变成了内部矛盾，不可调和的问题也会变成相互通融和理解的事情。

（2）有利于增强大局意识。思想站位高的人，会站在自己所处的职位上，乃至团队或组织的整体工作上来对待自己的工作，拥有大局观、整体观、一元化思维，开展工作时更能深刻理解其重要意义，方向目标更明确，能够积极配合，踏实苦干，高效率高质量地完成任务，自然更容易获得成功，得到上级领导的肯定。

（3）有利于拓宽视野。"欲穷千里目，更上一层楼。"思想站位高的人，站得高看得远，自然视野就宽，能够看到更多的风景，获取更多的资源信息，有利于认清发展方向，确定目标，采取正确的应对行为。

（4）有利于提升思想，取得更大的成功。思想上站位高的人，有了高站位的潜意识和成功的经验，会毫不动摇地继续攀登高位，直到最后站到自己理想的境界。

2. 如何提升思想境界

高境界可以生成强烈的工作热情和激情，生成无穷无尽的创造力，是奉献精神的力量源泉。

那么，在日常生活中，如何提高孩子的思想站位呢？

（1）不断放大自己。要让孩子打开自己的心胸，做事不斤斤计较，不自私自利，与大家共享劳动成果。遇到问题时多换位思考，设身处地地从对方的角度进行思考，多从自己身上找原因。

（2）增强大局意识。让孩子站到领导者的高度，把团队当作一个统一的整体，用一元化的思维、大局的观念、客观地考虑问题，充分发挥自己的主观能动性，开拓创新，尽心尽力地完成任务。

（3）向高站位的人看齐。思想站位高的人有较高的名望和拥护他的人，处理问题时游刃有余。要让孩子多向这种人看齐，多观察、多学习，不断提升自己的思想境界，成为一个德高于位的人。

告诉孩子：你对工作充满激情，人们才愿意追随

要成为一名合格的领导者，在工作中要充满激情，要怀着一颗火热的心，认真负责地对待每项工作任务，全身心地投入工作中，不为困难所压倒，不为逆境所屈服，不为名利所牵累，始终保持蓬勃朝气、昂扬锐气和浩然正气！

富有工作激情是成为一名领导者的基本条件。

1992 年，刘强东从苏北农村考上中国人民大学，1998 年在中关村创立京东，2007 年拿到 1000 万美金的第一轮融资，2014 年带领京东赴美上市。一路走来，京东早已从一个三五人的小团队，变成超过 10 万员工的超大公司。

刘强东最艰难的时候，是刚刚大学毕业时。因创业失败，一毕业就欠债 24 万元。很多人认为他这辈子完蛋了，一个穷学生，24 万元的债怎么还得起啊？当时，朋友出车祸，刘强东四处借钱；生日那天，就吃榨菜泡面；大年三十，只能喝稀饭。但是刘强东没有怨天尤人，自暴自弃，相信自己一定会东山再起。如果刘强东当时就认输了，或者失去了创业的激情，就不会有今天的他，也不会有今天的京东。

刘强东认为，激情是人生最重要的生活态度。没有激情的人，就像行尸走肉，甘愿平庸，不知道为什么活着、为什么死了，也不知道从哪里来、要到哪里去。

激情会让人更有魅力！

对事情的激情在某种程度上就是一种自信，向他人传递出你很在行、值得信赖的信息。人们通常愿意追随有激情的领导者，会信任那些充满激情的人。

最重要的是，激情会让领导者自己信任自己。激情会让你为之痴迷、癫狂，愿意拿出十二分的努力，因为你坚信这会改变你的一切，就像你愿意为爱痴狂一样。

从心理学角度说，激情是一种短暂的、爆发性的情绪。激情的强度很大，持续的时间却很短，如愤怒、狂喜、兴奋等。而领导者投入工作中的激情有着更广泛的意义，同时伴有强大的使之持续的力量。

领导者对工作充满激情，就能点燃团队成员的激情，巧妙地应对激情耗竭，充分保持激情。

激情可以通过人与人之间的相互感染进行传递，在团队中营造充满激情的氛围。

激情是不断鞭策和激励人们向前奋进的动力，对工作充满高度的激情，就不会畏惧现实中遇到的重重困难和阻碍。可以说，激情是工作的灵魂，甚至就是工作本身。领导者满怀激情地工作，并努力使自己的成员受到感染时，就会形成更强大的团队。

工作中最大的奖励不是来自财富的积累和地位的提升，而是由激情带来的精神上的满足。领导者自己要有激情，那领导者怎样才能保持持续激情的状态呢？如何引导孩子富有激情呢？

1. 激情来源于爱

"干一行，爱一行，爱一行，才能干好一行。"这里的"爱"是动词，是付出的动作。

爱，是工作最大的动力。只有心中有爱，做起事情来才会更有积极性。

领导者要爱团队成员，把团队成员当成家人，希望他们在自己的带领下取得更大的成绩，获得更多的荣誉，希望他们在自己的帮助下更快地成长。领导者心中充满爱，自然会对所从事的工作和所带领的团队充满激情。

2. 激情来源于希望

希望来源于我们过去成功的经验，也就是相信在自己的努力下，能够拿到最终的结果。所以作为领导者，要有打胜仗的经历。如果你的孩子是领导者，就要引导他学会去定义胜利，并带领团队取得一个一个的小胜利。这样，孩子就会信心倍增，团队成员也会跟着富有激情。

3. 激情来源于意义感

激情来得容易，但要保持持续的激情，并不是一件容易的事情。要让孩子赋予工作更有高度的意义，满足团队成员自我实现的需求。这样才能保持激情的持久度。

4. 激情来源于目标和愿景

作为领导者，将自己的理想与团队愿景融合起来，才能在带领团队的过程中保持激情。

想要提高孩子的领导能力，就要引导他研究团队的目标、愿景、价值观，调整自己的价值观和团队愿景保持同步。

在带领团队一起完成任务的过程中，要让孩子用团队的愿景和价值观引导成员，并认真倾听他们的想法，共同探讨达成一致的目标，最终获得共同的愿景。

5. 激情来源于感恩

在积极心理学做的实证研究中，感恩是效力排名最高的一种方式，也是最容易操作的一种方式。

懂得感恩，就会对当下拥有满足感，幸福感就会油然而生，这就是所谓的知足常乐。对领导者心存感恩，成员的抱怨就会消失，负面情绪也会消失，就会感到心境平和，心如止水，精力充沛，内心充满能量，激情满满。

告诉孩子：具备高情商，辅导工作才能更有效

有人说，一个人的成功，15%~20% 取决于智商，80%~85% 取决于情商。

真的是这样的吗？

在回答此问题之前，我们先来搞清楚一个定义，到底何为情商？

情商（EQ）是一组非认知技能，指人在情绪、情感、意志、耐受挫折等方面的品质，与绩效相关度 0.3~0.4。

简单来说，情商（EQ）就是了解并管理自我，构建并保持与他人良好的关系。

情商高的领导者，一般都能控制自己的情绪、情感；有坚强的意志力；

持久的抗挫折力；了解自我；能够与他人构建良好的关系。

高情商的领导者能够处理好自己内心的情绪，用情绪的力量帮助自己解决工作中的问题，同时也能处理好团队成员内心的情绪能量，让大家把这个能量用到团队目标最重要的方向上去。

其实，管理好一个团队并不是一个简单的事情，管得严了，成员会甩手走人；管得松了，则是隔靴搔痒。管理失败的根源在于领导者缺乏情商管理。所以，做好情商管理，升级管理素养，既是当代领导者应该重视和面对的问题，也是有效提升青少年领导力的必修课。

1. 表扬成员的方式

成员顺利完成工作，取得了不错的成绩，这时候该怎么说呢？

作为领导者，表扬成员，说几句让成员听了舒服的话，是领导者的基本功。高情商的领导者会说："你完成得很棒，出乎我的意料。希望你再接再厉。月底我会把你的成绩汇总起来，体现在你的绩效上。继续加油吧！"这样既表扬了团队成员，又承诺了好处，好处是看得见的、有时间期限。而低情商的领导者往往会说："嗯，干得不错！"然后，就什么话都没有了；或画饼："回头给你升职加薪！"这种没有实际价值的话对于成员而言毫无意义。

所以，领导者说话不能太虚，要实在一点儿，既要有表扬，又要有实惠，即使当天请吃一顿饭，也是一种鼓励。

2. 面对成员请示问题

团队成员遇到问题了，领导者应该怎么说？

低情商的领导者，会不屑一顾，甚至冷嘲热讽。

有的领导者会说："什么问题都找我，我要你干什么？"

有的领导者会说："这点儿事都干不好，你到底有什么用呢？"

其实，面对问题，团队成员不知道怎么解决，一方面是他信心不足，不敢下手；另一方面，他是想征求领导者的意见，跟领导者示好，很多领导者却情商极低，领会不到这一点。

高情商的领导者往往会说："你刚接触这个任务，不太熟悉，我相信会有些难度。你有问题可以随时问其他成员，或者问我，你也可以尝试自己解决，不要怕犯错，要相信自己，加油！"如此既为成员提供了帮助，又给成员指明了道路，还给了成员信心，最后还收获了成员的感激，这才是高情商。

3. 团队成员提意见时，领导者该怎么说

团队成员提出自己的创意，表达自己的不同意见时，领导者应该怎么说？

低情商的领导者往往会说："看把你能的，听你的还是听我的？""你不需要发表意见，我也不需要你的意见，你只需要听话照做就行了！""干好你的事，做好你的本分，这就够了！"

高情商的领导者往往会说："你这种思考精神是非常好。我非常欣赏

你这一点，你能有这样的想法，说明你进行了深入思考。但是，你的想法目前来说，条件可能不成熟。我也欢迎你以后有新的想法时，一起跟我探讨。"这样说，成员就愿意给领导者提出想法和意见，更愿意动脑子。

其实，团队成员发表意见，提出想法，作为领导者，都应该鼓励，不管他的意见是否正确，不管他的想法是否可行，都应该去包容，而不是去打击。

对团队成员的创新精神和勇敢精神，领导者应当表示认同并给予鼓励，成员以后有话才会愿意说。敢于对领导说真话的成员，敢于跟领导提反对意见的成员，真的不多。

告诉孩子：不同的团队成员，侧重点有所不同

对于团队成员的管理，我们最常听到一句话："我对他们都是一视同仁。"这句话听起来似乎颇为公平、公正，实际上这句话根本就不公平，亦不公正。因为每个人都是不同的个体，在团队中，也有不同的岗位，以及不同经验的成员。所以，领导要因人而异。例如，对于刚进入团队的新人来说，保姆式管理的效果更好。而对于一个经验丰富的老成员来说，保姆式管理就是累赘，这个时候最重要的是授权。

管理要因人而异，成员的成熟度、心理特征不一样，领导者采取的方

法策略也完全不一样。对于团队的所有成员都采取同样的方法，会适得其反。在管理学上讲，对于不同层面的成员，采取因成熟度、心理特征不一样的管理方法，才能满足不同成员的需求。

身为领导者，为了提高团队的工作效率，常常会制定一些规章制度来约束团队成员，让他们放弃杂念，集中注意力。这样想是正确的，在实施的过程中领导者忽视了细节上的工作，工作效率反而会降低。

领导者的本意是好的，但每一位团队成员都有其自身的独特性，岗位也不同。因此，用统一的规章制度来约束成员不仅不能提高做事效率，反而还会使得团队成员处处受限，降低工作效率。例如，从事创造性劳动的团队成员，喜欢在夜深人静、没有人打扰的时候工作，因为那时候他们的思维最活跃，往往能一气呵成，出色地完成工作。白天他们需要休息，而这时候领导者却要求他们坐班，不但不会有效率，而且对他们来说也是一种折磨。

有的团队成员独立性比较强，领导交代的任务，他会独立完成，他也有这样的能力。但领导者为了加强团队协作，要求几个团队成员共同来完成这份工作，这样做不但会抹杀这位成员的积极性，而且还可能在成员之间出现意见分歧时，每个人都倾向于自己方案的实施，争来争去，最终什么也没有完成。如此，不仅会浪费了人力、物力和财力，取得的效果还不如让一个人去完成的效果好。

优秀的领导者在实施管理措施的时候，会因人而异，注意到每一个细节。在不同的时期、不同的工作环境、对待不同的人，会采用不同的管理方法，发挥每一个人的优势，制定适合自己团队的管理制度，灵活有效地提高工作效率。

以下是对八种不同性格成员的分析：

1. 内向型成员

内向型团队成员通常不善于表达自己的意见和想法。他们话少，内向，但是做事很认真。优秀的领导者会鼓励他们发声，建立信任感，为他们提供一个开放的工作环境。

内向型成员，往往需要外向型领导者的管理。如果领导者也是内向型的，一般管理不好。彼此话都少，沟通起来就比较困难。领导者要对内向型成员多鼓励，多肯定，多提出明确要求。

2. 外向型成员

外向型团队成员喜欢与人交流，喜欢表现自己，常常为团队带来活力和激情。作为领导者，要允许外向型成员表现自己，同时引导他们学会团队合作。

外向型成员的表达能力没问题，沟通能力也没问题，但是理解东西浮于表面，很少有深刻的见解。所以，作为优秀的领导者，可以鼓励他们多与内向型成员沟通，安排他们做事时，也需要提出严谨、规范、标准化的要求，以免他们因为粗枝大叶而影响工作进展。

3. 报告型成员

报告型成员喜欢汇报和总结工作，但可能关注的细节过多，容易忽略大局。作为领导者，要提供精准的支持和建议，帮助他们更好地掌握重点。

报告型成员往往有事没事就喜欢找领导汇报工作，与领导进行交流。其实他们更喜欢那种和领导团结一致的感觉。

对报告型成员，需要让他们树立整体意识、大局意识，让他们习惯于站在更高的位置来看待问题，让他们变得有深度。如果他们始终停留在报告层面，细节中的点点滴滴，就可能成为前进的绊脚石。

4. 分析型成员

分析型成员具有较强的逻辑分析能力，通常喜欢独立思考。作为领导者，要赞许他们的独立思考，同时提供反馈和建议，帮助他们厘清思路。

分析型成员，喜欢追根究底，寻找事物表象背后的规律和本质。他们善于分析数据，善于分析事实，善于抽丝剥茧，善于做出预测和推理。对这类成员，优秀的领导者往往会利用他们的长处，让他们积极地参与相关的分析工作。

5. 守序型成员

守序型成员非常重视规则和流程。优秀的领导者会表扬他们遵守规则，并在必要时指引他们如何调整和适应变化。

遵守制度、尊重流程、重视规矩是正确的，但是在必要时也应视情况而有所变通，否则就会显得成员过于呆板，灵活度不够。因此，领导者既要肯定他们的坚守，也要让他们留意个人思维的活跃性和变通性。

6. 自由型成员

自由型成员倾向于自由自在地工作，可能不喜欢被束缚。优秀的领导者会允许他们在公司规定的范围内自由发挥，同时提供反馈和指导，帮助他们保持工作质量。

自由型成员最容易出现的问题就是自由散漫。开会的时候找不到他们，上班的时候他们经常晚到或者早退。你说他们不重视工作吧，他们的工作质量还行，但是人人都像他们这样对待工作，团队就乱套了。所以，即使想要自由地工作，也要在团队的许可范畴之内。大家保持一致，才是比较可取的。如果团队成员各自拥有不同的个人发挥度，势必会引起大家内在的不平衡感。

7. 饱和型成员

饱和型成员通常有很高的工作热情和积极性，但容易感到疲惫和压力。优秀的领导者会疏导他们的工作压力，让他们保持健康的工作状态。

饱和型成员的工作热情值得鼓励，积极主动的姿态值得赞许。但是过度的亢奋会造成快速疲累，过度的热情也往往无法持续较长时间。这正如疾风不终日，骤雨不终朝一样，要让他们保持工作的节奏感，而不是总紧绷着一根弦。

8. 亲和型成员

亲和型成员善于建立人际关系，常常以合作为第一原则，优秀的领导者会鼓励他们团结合作，同时提供成长的机会，帮助他们进一步提升能力。

亲和型成员好像对谁都挺好，好像和谁关系都不错。他们这种行事作风，往往会给人以圆滑的感觉。

无论什么性格，都是有利有弊。对这种亲和型成员来说，有时候需要有明确的原则，需要有自己明确的态度，而不是随时随地都打哈哈，谁都不想得罪，否则不太容易变得出类拔萃。

告诉孩子：树立好榜样，积极营造你追我赶的氛围

团队成员之所以能够为团队努力工作、奋斗，身边有一位有影响力且能够以身作则的领导者，是一个非常重要的因素。例如，一位团队成员曾经这样评价他的领导："只要和领导在一起，就能立刻感受到他浑身散发出来的光与热。我之所以努力工作，就是因为领导的威严和魅力深深地吸引我。"

领导者以身作则，并严格要求自己，才能对团队成员起到表率作用，进而增强自己带领团队的凝聚力。

领导者能身先士卒，以积极正确的示范做导向，可以调动团队成员的

积极性，激发他们努力向上的干劲；如果领导者持一种消极、观望的态度，只能削减团队成员的工作热情，对团队的发展前途失去信心。

领导者的行为对团队成员的激励作用非常大，甚至比言语和舆论的作用大得多。自己做不到的，最好不要要求成员去做，否则很容易让他们怼回来："我做不来，不行你来做试试！"

作为榜样，领导者要走在团队成员的前面，起到示范带头的作用。简单来说，即领导者以身作则，起到一种表率作用，才能激励团队成员，带领他们更加有效地工作，并受到成员的爱戴和拥护。

领导者所具有的影响力，是衡量其是否成功的重要标志。只有具有影响力的领导者，才能影响团队成员，在领导的岗位上指挥若定、挥洒自如，带领团队取得良好的成绩；影响力很差的领导者，只能依靠命令和权力来指挥成员，很难在团队中树立威信，也很难发挥其领导效能。

领导者的影响力，是能让成员按照既定目标前行的能力，对管理来说显得极为重要。因为领导者利用自身的影响力，只需对成员稍加影响，即可达成共同的目标，也不会出现不必要的争论，任务在执行中也不容易走样，大家都乐于听从团队的安排。

简单来说，领导者的影响力是一种潜在的无形力量，可以让团队的所有成员在潜移默化中凝聚在一起。因此，在培养孩子领导力时，就要让孩子成为别人的榜样。

1. 成员冲在一线，自己也要勇往直前

作为领导者，不要"官僚主义"，不能一个劲儿地命令成员做事情，要脚踏实地地去解决问题。而当成员遇到问题前来请教的时候，自己要更多地做出提示和引导。

2. 做事情不要形式主义

很多领导者喜欢做一些简单的事情，甚至只做自己喜欢和擅长做的事情，稍微遇到一些困难就容易打"退堂鼓"。这种情况之所以会出现，多数都源于领导者做事情的形式主义，看到没人监督，就尽可能地"偷懒"，让自己轻松一些。这样是无法带领团队攻坚克难的，也无法让自己成长为一名优秀的领导者的。

3. 对自己要求要高

领导者在管理成员时，要求成员做到的各种高标准和严要求，自己一定要做得更好才行，而不是涉及自己的任务时，就打折扣，因为成员都看在眼中的。所以说，优秀的领导者对自己的要求只会比对成员的要求更高。

4. 不要违反规章制度

在一些大的团队中，领导者拥有主导制度的建设和修订的权力。在管理团队的过程中，领导者就不要违反规章制度，更不能为了自己的利益而不断地去设置和修订有违大多成员利益的规章制度。

5. 对成员的承诺，真正兑现

有些领导者喜欢给成员画大饼，一旦到了承诺兑现的时候就出尔反尔，尤其是成员个人利益与团队利益产生矛盾时，更会以顾全大局为借口，不去兑现承诺。这样做的结果只会让成员失去激情与信任。优秀的领导者只要给成员做出了承诺，无论遇到什么情况都会兑现。

第九章

懂得协作

——未来领导者都是优秀的合作者

让孩子明白：好的领导者都会欣赏别人

有人说："与人相处，就像是挖金子。如果你想要挖出一克金子，就要挖出成吨的沙子。可是在挖掘的时候，很多人只想得到一克金子，并不想要那成吨的沙子，但你不能嫌弃这些沙子，因为金子就藏在其中。"

这世间，人人都是独特的个体，人人都有自己的优点，欣赏别人并肯定他们的价值，是领导者应该具有的一种能力。善于欣赏他人的人都不简单。

卓越的领导者，从不嘲讽普通人的梦想，也从不吝啬对优秀者的赞美。他们给出的赞美，可能会在未来某个时刻，以某种方式给自己以鼓舞和回报。

"海纳百川，有容乃大。"欣赏他人是领导力的第一要素，是领导力必备的基础力量，优秀的领导者都会接纳、认同、肯定和奖励他人，他们会愉快地去观察和欣赏别人，没有狭隘、嫉妒等人性弱点。

每个人都是独一无二的，每个人都有优点，都有过人之处。欣赏他人的领导者能够看到他人的优点和长处，并将其发挥与放大，而绝不会找他人所短去鄙视和敌视对方。这是优秀的领导者的一种气度、一种理解、一种智慧和一种境界。只有懂得欣赏他人的领导者，才能被他人认可和尊敬。

在团队中，领导者欣赏成员，就能激发出成员的激情，营造积极的团队氛围，形成团队的向心力。领导者经常用欣赏的眼光去看待成员，经常用欣赏的方式与成员沟通，被欣赏的人就会焕发出自信，心甘情愿将全部奉献给团队。这样，领导者也就打造出了一个积极的团队氛围和士气高涨的团队。

未来领导者都会欣赏他人，只有学会欣赏他人，才能提升自己！所以，家长要引导孩子养成欣赏他人的好习惯。

1. 爱

爱是很难被定义的，一种内在的情感体验，是一种自由的抉择，也是一种基于意愿的行动。

很多人对爱充满了误解。

第一个误解，把爱自己当成是爱别人。例如，领导者对成员说："我很关爱你，你却不听我的话。"领导者认为自己这么说是对成员的关爱，而成员听来是在责备他；这种矛盾说明领导者觉得自己一直在爱团队成员，其实是在爱自己，爱自己的想法和观念，爱自己的高大形象。

第二个误解，把依赖当成爱。欣赏他人的人，会将注意力放在对方身上，爱对方的优点，而不是爱自己延伸出去的优点。得不到他人的尽心照料和关心，有些人会觉得自己不完整，无法正常生活时，就会对对方形成依赖。其实，真正的爱是自由的抉择——给自己自由，也给对方自由。

爱是一颗感恩之心。爱的目标除了自己，还有身外的人和物。欣赏是一种与生俱来的爱，不懂得欣赏他人的领导者，只会将爱尘封在心底，主动放弃了爱的能力，无法去拥抱周围的人。

2. 珍惜

欣赏就是珍惜你所拥有的和你所看到的，不是去判断对错和好坏，不是去评估美丑和善恶。

欣赏是一种心态，更是一种发现优点和价值，并及时表达爱的能力。

古人深谙欣赏的道理，于是创造了"敝帚自珍"这个词——将破旧的扫帚视作宝物来珍惜，自己的东西虽然不好或不贵重，但十分爱惜。

珍惜别人，才能够欣赏别人。"我"有"我"存在的理由，也有"我"存在的方式，既然承认了"我"的合理性，就要认可"他"存在的合理性。每一个人、每一件事都有其独特的存在和表现方式。能够珍惜别人的领导者，则会站在成员的角度去理解问题。

珍惜团队成员的特点，领导者就能在某一个时段欣赏到这一时段发生的事情，体验到这一时段产生的美丽。

3. 接纳

欣赏的表现方式不是拒绝，而是接纳。

拒绝带给人挫折感，也会让人产生无力感。尤其是当团队成员满怀信心，为一件事情投入激情和精力后，领导者当头一棒地拒绝，对方除了感到泄气和自卑，或许还有掩盖在表面顺从之下的不满。

欣赏不是与人争辩，而是接纳对方这个人，从中捕获到他的优点，并对对方的优点惊喜和赞赏，即使是一个赞许的目光，一个会心的微笑，一次友好的拍肩，一句鼓励的语言，也能让对方感知到领导对他的接纳。

让孩子明白：卓越的领导者都有同理心

同理心，指的是"设身处地理解""感情移入""神入""共感""共情"，泛指心理换位、将心比心。具有同理心的领导者，能够设身处地地理解团队成员的情绪和情感，他们懂得情绪自控，能够换位思考，善于倾听，表达尊重等。因此，要想提高领导力，就要真正了解别人，站在别人的角度来看问题，也就是日常生活中人们经常提到的设身处地、将心比心的做法。

某公司的项目经理老王邀请了相关的研发团队参加公司的一个研发项目，每个团队都表现出了十足的热情。

对于研发团队的参与热情，项目经理老王感到既欣慰又为难。一方面，他与所有报名团队的负责人员进行了积极沟通，感谢大家的参与；另一方面，冷静地梳理思路后，对每个团队的员现状及公司对不同研发团队的定位等做了全面分析。之后，他建议采取赛马的评选方式，由公司制定比赛内容和评选标准，依据得分高低决定项目的承接团队。最终，不仅上司认可了他的方案，其他成员也觉得以赛马的方式决定胜负很公平，最终顺利地选出了最合适的研发团队。

结果公布后，老王找到公司副总裁，希望以公司的名义给所有报名团队发一封邮件，以感谢大家的积极投入，副总裁照做了，于是大家看到邮件后非常感动。

在项目进展过程中，老王及时向未入选的团队反馈技术上的突破和项目成果。项目完美收官后，在成果汇报会上，老王邀请了所有报名的团队参加，也再次邀请了公司副总裁出席并讲话。副总裁说："这个项目的成功，不仅是一个团队的成功，更是公司整体性的成功。希望大家再接再厉。"因此，所有人都备受鼓舞！

案例中的老王表现出了极高的"同感"情商能力，他自始至终都能感受到报名团队的需求，主要体现在以下几个方面：

（1）大家踊跃报名，说明都希望参与公司战略层级的项目，副总裁给大家发送邮件，提升了所有人在公司高层面前的曝光度。

（2）大家渴望公平竞争。所以，他提出的赛马机制，让大家都心服口服。

（3）大家都渴望从此项目中得到学习。所以，他在过程中及时反馈技术上的突破和取得的成果，并在成果汇报时邀请所有团队到场。

心理学家发现，无论在团队中发现什么问题，只要领导者能够设身处地、将心比心，尽量了解并重视他人的想法，就能比较容易地找到解决问题的方法。尤其在发生冲突和误解时，领导者如果能够把自己放在团队成员的处境中想一想，一般都可以了解到对方的立场和初衷，进而求同存异、消除误会。

同理心并不是"我很好，你也很好"这种模糊的说法，也不是指领导为了讨好大家而"碍手碍脚"，而是指在做出明智的决策时，体谅成员的感受，全面考虑其他因素。

有过团队管理经验的人都知道，团队是情感发酵的大熔炉，总是需要达成一致意见，但两个人达成共识已经很难，人数越多，寻求共识越困难。即使是只有四五个成员的团队，也会出现不同的联盟，议程冲突。领导者必须意识到并理解团队中每个人的观点，运用同理心，指导成员的行为。

第一步，耐心地倾听成员在说什么。很多领导者都希望培养团队成员，他们打心底羡慕那些有一大群追随者的领导者。但是他们却不愿意花时间去培养人或不会培养人。例如，不会倾听。要成为一个好的领导者，要培养人，就要从"以自我为中心"的情境里走出来，建立同理心。

学会倾听，是走出自我的第一步。而让孩子学会倾听，就是让孩子耐心地听对方把话说完。一个团队中，身为领导者角色的孩子应该努力让成员表达，期间不插话、不打断，鼓励成员继续讲，看看孩子能坚持多长时间，再看看成员可以讲多长时间。

在这个过程中，孩子就能试着判断一下，成员是不是一个说话逻辑混乱、只知道把原因向别人身上推的人；或者成员是不是一个只要发泄完了，回去就能继续努力工作的人；或者成员发泄之后，还是需要领导者进行指导的人。

第二步，听成员发泄时，试着把对方看透。什么叫把对方看透？就是把自己看成一个大人，把对方看成一个孩子。

当孩子在听成员讲话的时候，要能听出对方究竟是要抱怨、无可奈何、求助，还是在寻求根本性的解决办法。针对不同的情形，采用不同的指导方式。有时候，只需要给成员鼓励和信任就够了；而另外一些时候，可能需要给成员以援手。

第三步，运用"同理心"，快速切入成员的情境。在成员叙述之后，要让孩子学会帮对方厘清问题，分析问题，找出努力的方向。

这时候，要格外注意一个问题——"他为什么……"例如，"他为什么这样说？""他为什么这样看问题？""他为什么准备采用这样的办法？"等。

孩子也要学会问自己"他为什么……"，这样孩子就能从根本上了解一个人，产生针对不同成员的差异化"同理心"，将自己融入每一个成员的情境中。简单地用自己的经验，以不变的套路，去应对所有人的问题。

第四步，告诫自己，成员的经验和能力至少在目前不如自己。千万不要用高出成员能力太多的标准去要求成员，或者让成员用自己无法把控的方法做事情。

　　要让孩子反问自己，假如自己面对成员的处境，给出的那些解决方案是否可行。假如自己做事的速度是成员的十倍，而自己期望成员做一件事和自己的速度一样快，这样合理吗？这显然不合理，所以不能让成员用其无法完成的标准去完成工作。

让孩子明白：未来领导者都善于解决团队问题

　　作为一个领导者，主要工作有两项：一个是调动资源，将之投入到能产生最佳业绩的机会中；二是把大量时间与精力用于处理一个又一个的问题。二者占用时间比例的多少，决定了这名领导者是否优秀。但不管怎么说，解决问题的能力是衡量一名领导者是否优秀的标准之一。

　　解决问题能力强的领导者，在不同的环境和不同的层面都能发现问题，并用有效的方法、严格的逻辑和方式去解决。在日常工作中，领导者都会遇到各种难题，但领导者存在的作用之一就是为了解决各类问题。领导者的核心能力就是在关键时刻处理关键问题的能力，也就是能及时发现问题并能快速做出关键决策，否则就是失职。

　　遇到团队外的问题时，有些领导者会直接回避，因为他们对上不敢管也不会管，最多只是发发牢骚，毕竟自己的沟通水平及段位还不够，很难站到更高的角度去思考和解决问题。对协同部门，有些领导者缺乏大局意识，无法保持开放合作的态度，不是相互指责，就是互相甩锅。

对团队内存在的问题，他们也是头痛医头，脚痛医脚，连首要问题的定位都做不到，却自视甚高，觉得自己很牛！

1. 如何准确定位问题

在正常开展业务的过程中，遇到问题时，有些领导者容易被成员牵着鼻子走。例如，成员业绩不好时，会找各种理由，或者稍微有点儿什么问题，就找领导诉苦，领导不问青红皂白，会直接找上一级领导去反馈，这种领导者就是传话筒。

优秀领导者与普通领导者最大的区别在于，一个是主动型，另一个是被动型。主动型领导者，会根据业务展开的节奏及数据反馈，带领团队成员前行，也能及时发现潜在风险并发现业务问题或瓶颈，然后尽快组织相关人员进行攻坚。

如何定位问题呢？其实也很简单，就是从全局角度进行分析，初步确定问题的根源所在，然后根据实际情况拿出解决方案。

2. 如何恰当呈现问题

如果说能不能深入发现问题，体现了领导者的业务水准，那么如何呈现问题则深刻地体现了一个领导者的职业素养。原因就在于，遇到问题时，尤其是重大难题时，普通领导者与优秀领导者最大的差距在于，优秀领导者不会出现任何不良情绪，能够理性地反馈业务问题，会用合作的方式跟相关部门共同解决问题。而普通领导者，遇到这类难题时，会出现很多不良情绪，甚至抱怨，更有甚者还会跟其他团队发生激烈冲突。这样的领导者，平时只会将自己团队与其他团队的关系激化，而对于本部门的问题，选择视而不见或选择性忽视。

优秀的领导者会客观地面对团队间的问题，然后通过沟通或组织会议的方式，寻找解决方案，即使一次解决不了，也不会轻易呈现出情绪化的状态，尤其是其他团队暂时无法解决某些问题时，也会表示理解。

优秀的领导者，首先会通过逻辑严谨、全面深入的数据分析，客观呈现问题，能解决的就自己解决，不能解决的就拿出翔实的材料及结论，供决策层参考。当然，这些数据务求真实可靠、客观全面。

3. 如何拿出初步方案

遇到问题时，领导者不能只汇报问题，还得有初步方案。拿出方案的前提是精准地找到问题所在，否则方案就毫无意义了；就算不能拿出最终的方案，也要拿出本部门解决问题的方案。这样做不仅能体现领导者的高度和格局，更有助于问题的解决。例如，要想解决某个问题时需要三个环节，当第一个环节的问题获得解决时，才有助于其他两环节的定位。如果三个环节的问题都无法准确定位并解决，就很难界定真实问题所在，更难拿出有效的解决方案了。

4. 如何验证方案效果

问题的解决，尤其是系统性问题的解决，会受到方案的执行情况的影响。很多领导者，在执行力层面是最欠缺的，甚至还需要上一层级的领导者反复说服才会去落实。

其实，大部分问题解决起来并不太难，只要及时发现问题、正视问题，然后想办法进行解决就行。但有些领导者不会承认自己的团队出现了问题，即使问题呈现得很明显，他也会找各种借口来掩饰，这样就让解决方案无法得到有效执行，更别说解决问题了。

所以，既然确定了解决方案，就要严格执行，并及时汇报进展，发现方案有问题，快速反馈，这才是优秀的领导者的职业操守。

5.如何根本性解决

通过前期精准地定位问题，合理地呈现问题，并拿出初步方案验证解决的难度，即使问题暂时得到了解决，领导者也需要思考这类问题后续还会不会出现，这类问题出现的根本原因是什么，引发问题最根源的因素是什么，怎样根本性地解决问题等。领导者要把问题想得更深一些，更全面一些才会从根本上解决问题。例如，成员抱怨最近要填的表格比较多，但领导者发现，这个表格只是某个行为的记录。所以，解决这个问题的方案，绝不是表面的填表，而是相关业务行为的整改。

孩子限于年级、阅历、职位等因素，还无法真正去解决复杂问题，但思考没有边界，可以通过相关案例，换位思考，培养自己解决团队问题的能力。

让孩子明白：共同的团队文化能获得成员的协作和支持

团队文化是一个团队的灵魂，是推动团队得以持续发展的核心所在，是在团队发展过程中形成的文化体系、价值观以及精神，是促进团队成员持续努力的原动力。

团队文化是团队成员在交流、工作、组织、荣辱与共过程中形成的一种潜意识文化，虽然无法准确地描述，却能让成员更加快乐、更有动力。如果成员害怕失败，团队内等级森严，领导者只重视成绩而忽视成员个人感受，就无法营造出好的文化氛围。在管理上，团队文化其实就是领导者对成员意识的影响力，如对整个技术团队价值观、团队氛围、行为方式和状态的影响力。

团队文化对于团队管理非常重要，它就像一只无形的手，决定了团队的价值观是什么，在日常流程和领导眼睛看不到的地方，成员是怎样工作的。能否打造一种适合团队发展的文化，能否构造一种开放、透明的团队氛围。

团队文化还像团队的气质和调性，会吸引"气味相投"的人持续加入，而把不符合团队气质的人筛选出去。鲜明的团队价值观会将大家紧密地聚拢在一起，让团队越来越团结，增强团队的耐力和韧劲儿。

领导力的一个重要体现就是构造团队文化，因为有文化的团队才能叫团队，有共同的目标和愿景、共同的思想、相同的沟通方式、相近的兴趣爱好等，才是有生命力的团队，否则只能叫团伙。因此，在打造孩子领导力的过程中，就要让他们明白团队文化的重要性，要想让大家齐心协力做事，就要建立团队文化。

1. 出勤文化

出勤是自律，也是领导者约束和管理团队最有效的方法。打造出勤文化，就能获得一支健康发展的团队，提升团队的执行力。忽视了出勤，一切都是空谈。

人员出勤是团队文化的基础，团队绩效、组织发展、培训辅导、人员激励等都离不开出勤，只有保证了出勤，团队才能持续运作下去。因此，要建立出勤文化，明确出勤标准，实实在在地抓出勤。

（1）出勤标准全员统一。确定出勤目标，建立出勤功能组或授权专人管理，严抓出勤，循序渐进。

（2）区别沟通。首先，与团队中有影响力的人员提前沟通，若这类人员持反对意见更要单独沟通；其次，对于成绩好、支持政策的，提前开会统一思想。达成一致意见后，全员启动，落实出勤政策，不出勤的人员再单独沟通。

（3）给大家一个过渡时间。管理过程从松到严，让大家知道：出勤是必须事项，不出勤要接受一定的惩罚。

（4）一视同仁。政策制定要刚性，执行落地要人性化，但要秉持一个标准：一视同仁。

2. 执行文化

要想打造一支强大的团队，卓越的执行力是一切发展的先决条件。

（1）强化全员执行意识。每个成员都要认识到团队内部的政策、规章制度的重要性，认真学习，贯彻落实。在日常管理和培训过程中，领导者要加强规章制度的执行落实，增强全体成员的落实意识和执行意识。

（2）强化监督管理。团队可以成立日常功能组，对成员的执行力进行观察和提醒，看看他们是否按要求执行到位。在这个过程中，总结出了什么好的经验，存在什么样的问题，并及时总结。

（3）创新晨会内容。为了减少晨会枯燥无味、流于形式的问题，领导者要大胆尝试，创新晨会的形式，集中成员的智慧，焕发团队的活力，将晨会变成打造执行文化的基地，加强团队的执行力建设，把团队规章制度落实到位。

3. 提升文化

团队要想保持强大的战斗力和永续经营的能力，必须不断提升个体和整体力量。要把提升文化融入团队文化中去，明确团队文化的考核内容，打造高素质人员队伍，努力在个体和团队中找到共同利益的契合点。

（1）知识提升。包含素质文化、基本知识等内容的提升。

（2）技能提升。包含工作技能、管理技能等技能提升。

（3）晋升提升。强化员工对团队荣誉体系的认知和重视，帮助团队成员向高目标、强荣誉迈进。

4. 信任文化

团队管理的本质是经营信任。单纯地依靠权威与制度，无法获取成员的充分信任，更不能百分之百激发成员的活力。只有让大家团结起来，同心同德，团队才能克服困难，把事情做好。领导者的一举一动都受到成员的关注，只有先做好自身的工作，才能带动成员在规定的时间里完成任务。

（1）帮助成员认识和发掘自身优势，找到合适的发展路径。

（2）给成员提供理解、支持与辅导，帮助他们排除工作障碍。

（3）注重成员的成就感和归属感，发现成员值得夸赞的点，同时学会授权，让成员感觉到被欣赏和信任。

让孩子明白：未来领导者需要掌握必要的合作规则与技巧

如今，对于团队来说，协作比以往任何时候都更加重要。因为与他人合作，不仅能建立牢固的工作关系并提高沟通技巧，还能提高个人和团队的成功率。

从本质上来说，合作过程中鼓励成员有不同的观点，并允许成员分享知识和专长，领导者则需要创新思维和提高合作效率。

这天，某经理把自己的员工叫到办公室里开会，对他们前段时间的工作提出了批评，因为他们在工作中都是各干各的，业绩都不理想。批评过后，经理给他们讲了一个故事：

上帝分给两个家庭两把长筷子。第一个家庭把长筷子当成普通的筷子使用，把食物只往自己嘴里送，可是筷子太长了，他们根本就吃不到食物，结果一家人都饿死了。第二个家庭却把食物往对方的嘴里送，互相喂食，互相帮助，结果一家人都活了下来。

这些成员明白了互相合作的重要性。在后来的工作中，彼此合作，很快就取得了不错的业绩。

可见，只有与人合作，才能拥有大于个体的力量。

与人合作是一种精神，它源于信任，且无处不在，更重要的是这种精神是难以估量的。

现代社会呼唤许多精神，而与人合作的精神将是推动个人与时代前进的动力之一。

当今社会，科技高速发展，社会分工更加精细，而每个人的思维和知识面都是有限的，要想获得更大的发展，就要互相合作。因为合作能弥补个人的不足，完善团队，使其发挥出更大的力量，也能促使成员在合作中学习，获得更好的发展。

领导者如果自觉高人一等，不愿与别人合作，是一种非常愚蠢的心理。优秀领导者一般都愿意与他人合作，用别人的长处来弥补自己的缺陷，以获得更大的成功。因此，在培养孩子领导力时，也要教会孩子合作规则和技巧。

1. 鼓励开放式沟通

开放的沟通氛围，对于任何团队或组织的正常运作都是必不可少的。允许不同的人分享信息和想法，有助于建立信任和理解。那么如何才能进行开放式沟通呢？

（1）创造能让众人表达自己意见的环境。要为成员设定提供反馈的途径。例如，匿名意见箱。此外，领导者要努力倾听成员的意见，认真对待他们的担忧。

（2）定期召开会议。团队会议为成员提供了一个空间，分享他们的最新情况，讨论面临的问题，并集思广益。此外，还能在成员之间建立联系和信任。

2. 创建协作环境

工作的物理空间可以显著影响团队成员的协作能力，如果团队区域的布置方式鼓励协作，那么就容易有效沟通与合作。例如，开放式平面空间和公共区域为非正式会议和休息提供了机会，这样就可以鼓励团队合作。

此外，还可以为团队项目配备专用空间。例如，白板和头脑风暴角等，以此来鼓励协作。

3. 合理使用技术

如果想跟其他的团队开展合作，可以使用相关软件促成协作。例如，项目管理工具可以帮助团队成员跟踪任务和截止日期，聊天应用程序可以为实时对话提供空间，视频会议平台可以提供面对面的会议功能，即使团队成员在地理位置上分散于各地，也不会受到影响。合理利用这些工具，成员就能更轻松地协同工作，加强团队的沟通和协作。

4. 设定明确的目标

设定明确的目标，不仅可以激励成员，还能确保每个人都在同一层面上。没有明确的目标感，就无法让成员有效地一起工作。因此，在做事之前，领导者必须给团队设定明确的目标。

5. 正确分配角色

在团队或组织中，建立良好的角色和责任体系至关重要。因为只有这样，才能确保每个成员都知道自己应该做什么，让任务得到有效的执行。

进行角色分配，成员就能产生一种主人翁感，带来更大的动力和完成项目的意愿；即使成员犯了错误，也会为自己的错误负责。此外，明确定位，还能改善沟通。成员知道自己所扮演的角色，就能将注意力集中在执行任务中，而不必担心其他人在做什么，工作流程更精简、更高效。反之，成员不确定自己的角色，可能会导致混乱和沮丧，影响任务的完成。

6. 提供培训和资源

为成员提供培训和资源，就能有效地改善协作氛围。通过培训，成员就能学到有效合作的必要技能，协作时感到更加舒适和自信，做起事情来更加积极主动。

此外，为成员提供培训和资源，还能增加成员之间的信任。当成员觉得自己拥有有效协作的技能和知识时，会更加信任同事并更加有效地合作，彼此之间建立信任。

7. 鼓励成员交往

鼓励团队成员进行社交，对团队有很多好处。例如，成员交往时感到自在，就可能分享信息和想法，实现更好的沟通和协作。此外，还有助于成员之间建立关系和信任，改善团队合作。

为了鼓励成员交往，领导者可以这样做：首先，通过团队建设为成员创造相互交流的机会。其次，鼓励成员在休息时间或下班后进行社交，创造一个开放和热情的环境。最后，为成绩突出的成员颁发奖品，激励成员进行社交活动。

8. 认可成员的成功

领导者认可成员的成功对于在团队中建立信任与合作至关重要。当团队成员觉得自己被倾听、成功得到认可时，更有可能激发成员对领导者的信任与合作的默契度。承认团队成员的成就，表明领导者正在关注并重视他们的贡献，成员就会继续努力和有效协作。因此，如果想加强团队协作，领导者就要花时间去庆祝每个人的成功。无论成功大小。

9. 给成员足够的尊重

尊重在任何关系中都至关重要，包括领导者与团队成员的关系。尊重他人，有利于创造一个更加积极和高效的团队环境。

做到以上几点，孩子的领导力自然就能提升了。

第十章

国家情怀
——『中国脊梁』都爱国又爱家

让孩子知道：未来领导者都有着爱国的赤子情怀

未来领导者不仅是社会财富的创造者，还应对国家、对民族、对社会怀有崇高的使命感与强烈的情感。

1925 年，32 岁的卢作孚走上了"实业救国"之路。但他为什么要选择在长江发展航运业呢？这要从 1914 年他 21 岁时第一次乘轮船去上海说起。

那一年，卢作孚在长江上看到一个非常奇怪的景象：宽阔的长江上来来往往的大小轮船几乎都悬挂着外国国旗。卢作孚留心注意了一下，只有英国、美国、日本、法国、意大利、瑞典、挪威、芬兰等国的国旗，中国的国旗却很少见。究竟是怎么回事？

经过打听，他了解到，原来这些外国轮船曾与清政府签订了不平等条约，取得了长江航运特权，又凭借雄厚的资金、先进的技术和设备，垄断了长江航运业，俨然成了长江的主人。他们在长江上横冲直撞，肆无忌惮，掀起的巨浪常常把中国的木船冲得东倒西歪，甚至还发生过很多船翻人亡的惨剧。

卢作孚亲眼看到了这一情景，心里很不平静：长江是中国的，必须由中国人来主沉浮。就是在那个时候，他萌生了"发展中国自己的航运业，将中国内河航运权从帝国主义手中夺回来，把耀武扬威、横行霸道的外国轮船赶出长江"的意愿。

1925 年 10 月，卢作孚创立了民生公司。当时公司只有七八个人，租住在合川县城一座破败的药王庙的后殿办公，全部家当只有一艘载重仅 70 吨的小客轮。卢作孚作为民生公司总经理，月薪只有 30 元，其他人只有 15 元、10 元不等。依照卢作孚的说法，全公司人员的工资加起来还抵不上外轮一个大副的工资。

虽然境况如此"寒酸"，卢作孚却为公司制定了让人振聋发聩的宗旨："服务社会，便利人群，开发产业，富强国家。"这个十六字宗旨充分体现了民生公司创业的目的，不是为了发财致富、贪图享受，追求利润最大化，而是为国担责，为民造福。

1937 年 7 月 7 日，全民族抗战爆发。不少人感到像天塌了一般，为公司的前途和命运担忧，甚至有些人十分悲观地说："国家的对外战争开始了，民生公司的生命要完结了。"

面对大家的忧心忡忡，作为公司总经理的卢作孚想的不是一个公司的得失，而是整个国家民族的命运。他对大家说："我的感觉却恰恰相反，国家的对外战争开始了，民生公司的任务也就开始了。"

卢作孚意识到民生公司报效国家大显身手的时机到了，于是向全公司成员发出号召："民生公司应该首先动员起来参加战争！"他决定将全公司所有轮船快速投入到战时运输中来。

作为长江上游航运主力军，民生公司在卢作孚的带领下，冒着敌机的轰炸，全力以赴地投入到紧张、艰难的战时运输中。在整个抗战期间，民生公司不怕牺牲，不计成本，据统计，运送出川抗日将士 270 多万人，武器装备 30 多万吨，以及大量的粮食、衣被、食盐等军用物资，还将 150 多万难民撤往了大后方。

抗战全面爆发不久，国民政府任命卢作孚为交通部常务次长。卢作孚虽然无意仕途，对高官厚禄也不感兴趣，但为了国家民族利益，他没有推诿，临危受命，勇挑重担，承担起了战时水陆交通运输的艰巨任务。

当时中国的交通运输状况是：飞机少得可怜，杯水车薪，无济于事；火车线路被日机炸得七零八落，无法正常运行；公路运输不仅运费高，而且汽车少，公路也不能直接入川。由此，长江水道成了进入大后方最便捷的“黄金水道”，而民生公司恰恰是长江上游的主力船队。

在船少人多货多的情况下，卢作孚与民生公司坚决以国家利益和民族利益为重，宁肯吃亏也不发国难财。例如，在宜昌大撤退中，与民生公司一起参与撤运的几艘外国轮船，客票每人高达 300~360 元，货物每吨 300~400 元，民生公司的客票价却与战前一样，只要 18 元；货物运价，卢作孚要求也与战前一样，兵工器材只收 30~37 元，其他公物只收 40 余元，民间器材只收 60~80 元，相当于外国轮船公司收取运费的 10%~12.5%。

1938 年 10 月武汉失守，距武汉仅 300 公里的宜昌成了通过长江三峡撤往大后方关系国家存亡的关键之地。10 月 23 日，卢作孚赶到宜昌，小城正处在极度混乱和恐慌之中。日军逼近宜昌，日机不断地狂轰滥炸。更要命的是，长江上游一年一度的 40 天枯水期就要到来，届时水位就会急剧下降。

面对如此严峻的形势，卢作孚深感责任重大。他亲自前往码头视察，并登上各轮船，了解轮船的性能、吨位及运行状况，同技术人员进行讨论。通过紧急调研和反复推演，卢作孚果断采用民生公司过去在枯水期运输的"三段航行法"，拟订出在 40 天内将人员、物资运出宜昌的计划，并要求各公司、各码头、各轮船严格执行，分秒必争。

民生公司在战时运输中始终坚持低价或半价，甚至免费运送上前线的军人、军用物资和撤往大后方的公务人员、难童、在校师生等，公司连年亏损。更惨烈的是，民生公司在冒着敌机狂轰滥炸的运输中，有 117 名员工英勇牺牲，76 名员工伤残；有 16 艘轮船被炸毁炸沉，69 艘轮船受损……

众所周知，任何一种伟大精神的产生，都有着特定的历史背景和形成脉络。卢作孚出身寒门，从小过着穷苦的生活，又生长在兵荒马乱、贫穷落后、列强欺凌的年代。严酷的现实，使他产生了强烈的救亡图存、富国强国、为民造福、为国担当的愿望和决心。可以说，爱国精神是卢作孚一生的主线，一生的主旋律。卢作孚的榜样力量、典范形象，将历久弥新地发挥着磅礴的力量。

很多企业家成功的背后，都是历尽艰难的故事。面对压力、风险、挫折、失败，他们迎难而上，依然保持着奋斗的激情，原动力就是那颗赤子之心，以及那份深沉的爱国情怀。

这些领导者都是从基层摸爬滚打一步步走上来的，真切地认识到，组织的目标不仅仅是财富，更应该创造更高水平、更高质量、更高效益的发展，给人们带来幸福感、安全感；团队发展壮大了，就要承担更多的社会责任，积极投身于公益慈善事业，更好地回馈社会。

青少年是祖国的未来、民族的希望，是爱国主义教育的重中之重，加强青少年爱国主义教育，他们才能更好地肩负起历史使命和时代责任。

爱国主义是中华民族的民族心、民族魂，是中华民族最重要的精神财富，是领导者维护民族独立和民族尊严的强大精神动力。青少年处于个性倾向和道德观念形成的重要阶段，是培养良好品德行为的黄金时期，而要想提高孩子的领导力，也要关注孩子的爱国主义教育，让他们形成正确的价值观和归属感。

1. 增强国家认同感和归属感

加强青少年爱国主义教育，能够帮助孩子建立对祖国的认同感和归属感。具体方式有以下几种：首先，引导孩子了解国家的历史、文化、地理等知识，让他们深入了解自己所属的国家，产生对国家的热爱之情。其次，鼓励孩子参观国家博物馆、纪念馆等，让他们亲身感受国家的辉煌过去和现在的发展成就，增强对国家的认同感和归属感，激发他们为国家的未来发展贡献力量的动力。

2.培养社会责任感和奉献精神

作为国家的未来建设者，青少年需要明白自己肩负着什么样的责任和使命。了解国家的发展历程和民族的奋斗历史，孩子就能从小树立起为国家和社会负责任的意识，培养社会责任感，并将其转化为实际行动。

日常生活中，可以让孩子多参与社区志愿者活动、环保行动等，让孩子体验到为社会做出贡献的快乐和成就感，激发他们的奉献精神。此外，还可以通过英雄事迹和先进人物的故事，激发孩子的爱国情感，使他们明白自己应该为国家和社会做出什么样的贡献。

3.塑造正确的价值观和人生态度

青少年正处于价值观形成的阶段，爱国主义教育有利于帮助他们树立正确的价值观和人生态度，让他们具备正确的道德观念和行为准则。

爱国主义教育强调国家利益高于个人利益，弘扬奉献精神和集体主义精神，通过爱国主义教育，孩子就能认识到个人的幸福离不开国家的繁荣和稳定，个人的发展需要建立在国家的强大基础之上，继而珍惜现在的幸福生活，树立正确的人生目标，追求真善美，为社会做出积极贡献。

此外，了解了国际形势和国家间的关系，孩子就能够认识到国家间的相互依存和相互影响，能够摒弃狭隘的民族主义观念，培养开放包容的国际视野，形成正确的世界观和国际合作意识。

爱国主义教育是一项长期而伟大的事业，只有将爱国主义同时代特征相结合，才能使爱国主义教育达到新的高度。作为家长，我们要主动承担起青少年爱国主义教育的任务，培养拥有正义感和爱国情怀的栋梁之材！

让孩子知道：杰出领导者都对祖国有着强烈的责任与担当

杰出领导者都对祖国有着强烈的责任与担当。能够主动为国担当、为国分忧，充分体现了"中国脊梁"对国家、对民族的崇高使命感和强烈的责任感。他们在国家危难之际、人民需要之时，挺身而出，奉献自我，为祖国做出了重要的贡献。

2020年病毒突袭而至，人民的生命安全和身体健康面临严重的威胁。一方有难，八方支援。各行各业扛起责任，国企、民企并肩而行，奋战在疫情防控和复工复产一线。

中国建筑用10天和12天的时间分别完成了火神山、雷神山医院的建设任务；卓尔控股联合专业机构火速建立多家应急医院；中远海运、中粮集团、顺丰、京东等企业日夜不停，搞好后勤保障工作；石油石化、电网电力等国企没有停工，信息技术、装备制造等民企以"点"带"链"有序复工复产……企业家精神，在大考中淬炼；家国情怀，在磨砺中升华。

在这场伟大的斗争中，有着坚定信念的企业冲锋在前，更展现了企业领导者勇于担当的精神。

青少年是一个富有理想的群体，他们的理想关乎国家与民族的兴衰，我们要引导他们向这些企业领导人学习，主动承担祖国的责任与担当，而这也是领导力培养的一个重要内容。

1.不负时代，勇于追求

新时代，要让孩子有坚定的理想信念。担当民族复兴大任的时代新人，都有着坚定的理想和崇高的信念，以及勇于追求、敢于创新的时代精神。

要让孩子明确自身承担的时代责任和历史使命，将个人发展与国家、民族的前途和命运紧密相连，将个人的理想追求与国家繁荣融为一体，正确认识世界和中国发展大势。

2.不负期望，勇于担当

青少年要有担当，更要有责任感。实现中华民族伟大复兴是中华民族的美好期盼，也是青少年的奋斗目标。在孩子们无私奉献自己的青春的同时，也要让他们将自己的理想同祖国的前途和民族命运紧密联系在一起，扎根于人民。此外，还要鼓励他们做新时代的奋斗者，不怕困难、勇于开拓、乐于奉献、锲而不舍，努力实现中华民族伟大复兴的伟大事业，不辜负党和人民的期望！

3.不负韶华，勇于作为

随着人类文明的不断进步和全球化经济的不断发展，国家正在着力培养人才，尤其是学习能力和技能水平、应用实践能力等。青少年正处于少壮之时、人生的黄金时期，只有努力学习，才能报效国家。要鼓励他们增强知识更新的紧迫感，适应科技的发展潮流，提高自身的素质和能力，学有所长、学有所专、专有所精，积蓄充分的力量和基础，以丰富的知识和高超的本领，脚踏实地地为建设社会主义现代化而奋斗！

让孩子知道：智慧领导者都认同国家的历史文化

中华优秀传统文化，是中华民族在长期共同生活和生产中积淀形成的精神财富，是凝聚民族认同的"共同记忆"，也是中华民族赖以生存、共同生活、共同发展的根脉和灵魂。有智慧的领导者都认同国家的历史文化。

曹德旺出生于1946年5月。小时候家里很穷，初中没毕业就辍学了，曹德旺尝遍了社会底层生活的艰辛。后来，他承包了一个当地濒临倒闭的小厂，1987年正式成立福耀玻璃，成为第一个进入汽车玻璃行业的中国企业。六年后，福耀玻璃登陆国内A股，是中国第一家引入独立董事的公司。

几十年来，曹德旺带领福耀玻璃以"为中国人做一片自己的玻璃"为发展目标，彻底改变了中国汽车玻璃行业从完全依赖进口到进口接近为零,成为全球规模最大的汽车玻璃专业供应商。

作为成功走出去的企业,在一步步进军海外市场的过程中,福耀玻璃遇到重重险阻,历时数年,成为中国第一家状告美国商务部并赢得胜利的企业。

2009 年,曹德旺荣获有企业界奥斯卡之称的"安永全球企业家大奖",成为该奖项设立 23 年以来,首位获奖的华人企业家。他深深扎根玻璃制造领域,将中国制造业带向世界,背后是他的四个自信:文化自信、行为自信、能力自信和政治自信。

曹德旺说:"作为企业家,必须有信仰,我们要做到有文化自信。对中国古代文化,不一定要像教授那样精通,但起码要熟悉。中国古代文化教会我们义与利,义利相济也就是中国商道的精髓。"

在第三届中国企业改革发展论坛上,曹德旺直言:民营企业家很大的问题是德不配位,"做企业家要理解中国文化""要有文化自信"。

中华民族拥有在 5000 多年历史的演进中形成的灿烂文明,中华优秀传统文化,体现着中华民族的理念、智慧和价值追求,是中华民族的精神标识和精神家园,是最深厚的文化软实力,也是推动中华民族生息、发展、进步的深沉持久力量。卓越领导者一般都熟知中华优秀传统文化中的思想精华和道德精髓,感悟了蕴藏其间的文化基因和精神品格,有着较强的民族自信和民族气节。

在多元文化发展的今天,提升文化自信,不仅是对领导者的要求,也是提高中华文化软实力的需要。因此，要引导孩子们认同我国的历史文化，提高文化自信。

1. 深入学习优秀传统文化

青少年成长在多元的文化环境中，充分认识和了解中华优秀传统文化，就能增强他们对传统文化的认同感和自豪感。唐诗宋词、民间艺术、神话传说、京剧昆曲……都是宝贵的文化财富，引导孩子多接触优秀的传统文化，定然受益无穷！此外，阅读丰富的优秀传统文化故事，如创世故事、节庆故事、成语故事、先哲故事，孩子们就能深刻理解传统文化的内涵，传承中华优秀传统文化的精髓和智慧。

2. 汲取世界优秀文化养分

每一种文化都会在世界舞台上留下自己独特的印记，它们相互依存，相互融合碰撞，共同构成了多元化的人类文明。要鼓励孩子广泛接触世界优秀文化，取其精华，去其糟粕，汲取世界优秀文化养分，促进传统文化的创新和发展。

广泛阅读世界经典文学作品。经典之所以能够流传不朽，在于其字里行间透出来的智慧和思想，鼓励孩子阅读经典文学，他们就能汲取不同国家的优秀文化养分。例如，阅读《简·爱》《月亮和六便士》《老人与海》等，孩子们就能在字里行间了解不同国家的社会制度、人文环境、风俗习惯、宗教信仰等，增加知识储备，树立国际视野。

3.大胆进行文化创新

文化创新关系着传统文化的繁荣发展，除了知识学习，要努力将孩子培养成为兼具文化使命感和文化创造力的人才。创新诠释传统文化，要从青少年抓起。

首先，要充分调动孩子们参与文化创作的积极性和主动性，为他们的文化创新创造条件，发挥好文化创新对文化自信的促进作用。

其次，在学习优秀传统文化的过程中，引导孩子观察文化形式，体悟其内涵与精神。

最后，鼓励孩子阐述自己的独特见解，让他们在充分了解传统文化的基础上，结合生活和社会实际需求进行文化创新。

让孩子知道：把个人"小我"融入国家"大我"是爱国的中心

在我国现实社会中，存在着个人与他人、个人与群体、个人与社会的纷繁复杂的社会关系，这种社会关系往往体现为一定的价值关系或利益关系，而"小我"与"大我"的关系问题就是贯穿一切价值关系和人生价值取向的根本问题。

新时代，我国社会"小我"与"大我"价值关系问题更加凸显，正确地认识和处理"小我"与"大我"的价值关系，坚持正确的价值取向，是价值引领的根本问题。

在现实生活中，钱学森、黄大年等无数榜样人物在艰苦卓绝的环境中，用自己的实际行动诠释着将"小我"融入"大我"的真谛。

1916 年春天，27 岁的李大钊在《青春》一文中写下："吾愿吾亲爱之青年，生于青春死于青春。""进前而勿顾后，背黑暗而向之光明。"之后，李大钊奋斗一生，将自身的"小我"奉献给了家国之"大我"。

百年前，先辈为中华之崛起而读书；百年后，百姓幸福安康，青少年更应接过接力棒，以坚定的信仰、蓬勃的活力，用青春和汗水谱写出时代的华章，绽放出理想信念的夺目光彩。

新时代的优秀领导者，其责任使命已不仅仅局限于创造个人财富，还要创造社会财富；不仅仅局限于"独善其身"，更要"兼济天下"；不仅局限于追求物质价值，更要拓展到追求精神价值。

爱国、爱民、爱岗，是新时代企业家必备的自我要求和使命意识，是新时代领导者不可或缺的理念核心。只有具备了这样的大情怀，领导者才能超越"小我"，成就"大我"。

新时代的优秀领导者，必须有理想、有温度、有情怀；必须拥有强烈的政治意识、责任意识、大局意识；必须把自身成长与团队发展紧密联系起来，把个人成长的融入团队发展之中，在奋斗中实现自身价值。

"小我"与"大我"的融合与统一，是价值的正确取向。个人只有超越"小我"，才能融入"大我"，并促进"大我"的发展；"大我"要汇聚"小我"，才能整合"小我"，并实现"小我"的升华。培养孩子的领导力，也要让孩子具备"小我"融入"大我"的意识。

1. 坚定自我

青少年担负着祖国发展的重任，要保持本心，坚定自我。在物资丰富，科技、网络发达的今天，孩子们有充足的时间，要培养他们的思维和实践能力，也有更多的机会实现自身价值，但他们的思想还处于塑造阶段，很容易被不良信息影响，因此必须引导他们提高筛选和辨认信息的能力，客观理性地辨别和分析信息的真实性和可信度，不为群体非理性的情绪所裹挟，不断提高自身素质，清晰自我认知。

2. 筑起"大我"

找寻自我，充实自我后，就要筑起"大我"。一代人有一代人的使命，一代人有一代人的长征，在社会飞速发展的今天，青少年是时代建设的推进者，是国家强大的后盾力量。要引导孩子提高思维高度，树立正确的世界观、人生观和价值观，加强自身道德修养，以纪律要求为底线，严格要求自身，怀抱家国情怀，拾起时代担当，在实现"大我"中成就"小我"，展现出勇敢奔跑的英姿。

让孩子知道：领导者需要努力拼搏，
为祖国的繁荣贡献力量

我们熟知的那些优秀的企业家，几乎个个都是"劳模"。他们不仅富有创新精神，更有勤奋、专注、拼搏和自律的品质，这也是企业获得可持续发展的原因，是引导商业向善的领导者精神。

在无数个工作的深夜，马化腾所做的除了具体工作，也有对互联网未来发展的种种思考。一天深夜，他在知乎上写下这样一个问题："未来十年哪些基础学科突破会影响互联网科技产业？产业互联网和消费互联网融合创新，会带来哪些改变？"

这也是他第二次在知乎上提问。第一个问题出现在 2012 年 5 月 7 日的凌晨 2 点 15 分，他在知乎上写下："整个人类处于互联网发展的哪个阶段？下一个十年，互联网升级的大致方向在哪里？"

近年来，马化腾的追问又频繁地涉及商业向善和可持续发展，而思考的背后就是实际行动。之后，腾讯再现大手笔，提出"可持续社会价值创新"战略的同时，宣布首期投入 500 亿元，设立"可持续社会价值事业部"，推动战略落地。

在勤于发问的马化腾的引领下，腾讯对于社会责任和商业向善的执着追求，不断迈进可持续发展的新境界。

成功企业家的背后，几乎都有着常人无法想象的勤奋和自律，这是对工作的热爱所致，也是创业的初心使然。

几千年来，中华民族一直都重视奋斗的力量，并将奋斗精神融入个体发展与民族崛起的历程中。中华民族的历史就是中华儿女的奋斗史，奋斗精神早已成为中华民族的一种精神特质，并融入中华儿女的血脉里。

纵观历史，"奋斗"一词有着丰富的精神内涵，"志不强者智不达"要求我们志存高远；"民生在勤，勤则不匮"呼吁我们勤劳勇敢；"莫等闲、白了少年头，空悲切"勉励我们珍惜时间；"三人行，必有我师焉"劝诫我们见贤思齐；"天行健，君子以自强不息"砥砺我们自强不息。

在技术创造突飞猛进的今天，我们依然要歌颂勤奋的价值观，因为它不仅是成功的意义，还是劳动者不断进取的闪光点。

在现实中，取得伟大成就的领导者，都是坚持奋斗、拼命努力之人。青少年正处于学习的黄金时期，应该把学习作为首要任务，作为一种责任、一种精神追求、一种生活方式，树立"梦想从学习开始、事业靠本领成就"的观念，让勤奋学习成为青春远航的动力，让增长本领成为青春搏击的能量。

成功的背后，永远是艰辛努力，优秀的领导者都将艰苦的环境作为磨炼自己的机遇，把小事当作大事干，一步一个脚印往前走。青少年是未来事业的中坚力量，是实现第二个百年奋斗目标和中华民族伟大复兴中国梦的主力军，培养青少年的奋斗精神其实就是在为国家培育栋梁之材。那么，如何做到这一点呢？

1. 培养新时代奋斗精神

父母要引导孩子担当起国家和民族的重任，做一名幸福的奋斗者。信息化时代，网络成为孩子们了解世界的窗口，要激发他们的兴趣与志向，因为每一个孩子都有无限可能；让孩子养成良好的习惯，用开放的胸怀迎接未来；培养孩子的责任和担当意识，发挥榜样的作用。

2. 激发兴趣志向与奋斗激情

首先，要让孩子树立远大志向。500多年前，明代思想家王阳明因为得罪权贵，被贬到条件极为艰苦的贵州龙场驿，居住在山洞里，他却愈挫愈奋，志明悟道，创立了影响世界的心学理论。他之所以会取得如此成就，就是因为他11岁时立下的"要成为圣贤"的伟大志向。他说过："夫志，气之帅也，人之命也，木之根也，水之源也。""志不立，天下无可成之事。"

青少年对世界充满了好奇，父母要发掘孩子的无限可能，带孩子去体验世界，激发兴趣，发掘潜能，发现希望。家长要相信孩子有无限的可能，用正面期望去引导孩子。开阔的世界，全新的生活，能激励孩子萌发兴趣和理想。